I0821118

VIDA DESPUÉS DE LA MUERTE

Esteban Cruz Niño (1979) es antropólogo, magíster en Historia y PhD en Historia del Arte y Musicología de la Universidad de Salamanca (España). Ha sido docente de la Universidad Autónoma de Colombia y la Universidad del Rosario. También se ha desempeñado como asesor de la Secretaría de Cultura de Bogotá y como director y participante de programas de misterio en radio y televisión. Es autor de *Los monstruos en Colombia sí existen* (2013 y 2023), *Vampiros, caníbales y payasos asesinos* (2016), *Expedientes X Colombia* (2018), *Vida después de la muerte* (2020), *El libro negro de la brujería en Colombia* (2022) y *Pablo Escobar y los patrones de la brujería* (2025).

ESTEBAN CRUZ NIÑO

VIDA DESPUÉS DE LA MUERTE

TESTIMONIOS DEL
MÁS ALLÁ

B DE BOLSILLO

Título: *Vida después de la muerte*
Primera edición: noviembre de 2020
Primera edición en B de Bolsillo: junio de 2025

Carrera 7 # 75-51, piso 7, Bogotá, D. C., Colombia
PBX: (57-601) 743-0700

Fotografía de cubierta y portadillas: © Francescoch, GettyImages.com

Impreso en Colombia-*Printed in Colombia*

ISBN: 978-958-5566-67-5

Compuesto en caracteres Garamond

Impreso por Editorial Nomos, S.A.

Para Esteban Cruz Sanabria, Benicia Navas, Josefa Pérez,
Alexis Cruz, Wilson Cruz, Carlos Betancourt y
Gabriel Pardo García-Peña, a quienes espero volver a ver algún día

Cuando la muerte se precipita sobre el hombre, la parte mortal se extingue; pero el principio inmortal se retira y se aleja sano y salvo.
Platón

Al final, sólo tres cosas importarán en tu vida: cuánto amaste, cuán gentil fuiste, y qué tan agraciadamente dejaste ir las cosas que no eran para ti.
El Buda

Yo soy la resurrección y la vida; el que cree en mí, aunque esté muerto, vivirá. Y todo aquel que vive y cree en mí, no morirá eternamente.
Jesús de Nazaret

CONTENIDO

PRÓLOGO

Hombres semidesnudos susurraban sortilegios sobre el cuerpo del difunto en la parte más sagrada del templo. Un habitáculo oscuro donde la única luz provenía de lámparas de aceite. Ya habían pasado setenta días desde su fallecimiento. Su cuerpo había sido embalsamado con sales de natrium y otros ungüentos, cuya receta solo conocían los sumos sacerdotes. Los familiares y amigos esperaban afuera del recinto, ya que a la parte más sagrada solo podían entrar los hombres puros para estar en contacto con el espíritu de antiguos y poderosos dioses. Después de una ceremonia que duraba días se recitaban por fin las últimas palabras: "Que su oído escuche, que su nariz respire, que su lengua hable y su boca pronuncie hermosas palabras en la morada del cielo inferior". Tras este último rezo, el que aparentemente estaba muerto ya estaba preparado para seguir con su vida en el más allá, en tierras ignotas para los vivos. Una travesía hacia lo desconocido que todos, un día, emprenderemos.

No podemos entender la civilización egipcia sin su obsesión por el paso al más allá. Por la creencia firme de que la muerte no es más que el principio de algo que desconocemos; un viaje hacia otra existencia que puede ser más plena y reconfortante que la que hemos tenido en esta vida. Los rezos para ese tránsito se escribieron hace miles de años en el famoso *Libro de los muertos*, para que el poder de estas palabras quedara para la eternidad. Sin embargo, esta creencia, esta convicción, no solo es propia de los antiguos habitantes de las orillas del río Nilo: todas las culturas del mundo, todas las religiones, por muy diferentes que sean, nos presentan ese paso a un más allá. El viaje no suele ser fácil, ya que en esa dimensión desconocida podemos encontrar desde demonios hasta todo tipo de seres oscuros que pueden confundirnos y hacer que nuestro intento sea en vano. En este mismo sentido, dentro del budismo tibetano encontramos el *Bardo Thodol*, su particular libro de los muertos, donde se señala que el alma del difunto permanecerá cuarenta y nueve días en un limbo repleto de peligros. Pruebas que tendremos que sortear antes de que comience para nosotros una nueva vida.

En todas las religiones se nos habla de un más allá palpable; sin embargo, el camino hacia este es muy diferente, según la parte del mundo en que nos encontremos.

Hoy en día, cuando la ciencia se ha impuesto como la nueva religión de la racionalidad, hablar sobre este tipo de creencias o hechos puede ser incluso mal visto por los que ahora se autoproclaman valedores de la verdad. Pero por mucho que esta censura científica se empeñe en moldear lo que deberían ser nuestras nuevas convicciones, jamás conseguirá que los seres humanos dejemos de hacernos preguntas. Cuestionarnos qué hay más allá de la vida, indagar sobre ello a través de la misma ciencia, de nuestra fe, del conocimiento y de las antiguas creencias, es intrínseco al ser humano. Es por esto que cada vez más científicos son capaces de adentrarse en estas aguas, todavía turbias, aunque sean criticados por muchos de sus colegas.

Este es, por ejemplo, el caso del bioquímico y médico Ian Stevenson, profesor de Psiquiatría de la Universidad de Virginia y director de la división de estudios de la percepción de la misma institución. En su trabajo como psiquiatra estudió varios casos de niños que le hablaban de vidas anteriores, pero no de una forma vaga, sino dando todo tipo de detalles. El investigador empezó entonces a viajar por el mundo, comprobando que los recuerdos de otras vidas en muchos de sus pacientes eran reales. Dedicó décadas a esta tarea y publicó varios libros con los casos más contundentes. Ser heterodoxo tiene sus castigos, y sus obras fueron muy criticadas, pero aun así falleció en 2007 cuando continuaba con su labor docente en la universidad. La verdad, los hechos, la investigación y la lógica a veces pesan más que la censura de una parte de la ciencia.

Aunque la ciencia haya entrado en nuestras vidas, tal y como demuestra la obra del doctor Stevenson, la discusión sobre qué pasa después de que dejamos este mundo será tan eterna como lo viene siendo desde que fuimos un mono desnudo que comenzó a pensar.

Desde mi punto de vista, la muerte no es un castigo, es una bendición. Para empezar, es el acto más democrático que Dios creó, pues da igual tu riqueza, tus actos, tu físico, tu fe... hagas lo que hagas en la vida, al final morirás. Y la muerte deja paso a lo nuevo: el universo está en un continuo cambio que se produce gracias a que todo tiene un comienzo y un final. Es lógico que nos intrigue, y que nos hagamos continuamente preguntas sobre ese alfa y omega que es parte inherente del mundo en que vivimos.

Quiero decirles en estas líneas que yo no creo en la muerte, porque investigué la magia egipcia, caminé por los templos más antiguos que se conocen en Göbekli Tepe (Turquía), visité el monte Moriah en Jerusalén, y allí mismo, el Santo Sepulcro... Así como otros lugares que nos dejan el mismo mensaje: esta vida no es más que un tránsito hacia algo que no conocemos todavía. Y creo que tanta sabiduría, tanto conocimiento, no son obra de estúpidos ni una cuestión de superchería.

Antes de comenzar a leer este libro, escudriñen su alma, hablen en silencio con sus sentimientos, con ese saber atávico que todos llevamos dentro. Y si su intuición les dice lo mismo que a mí, arranquen a leer sin miedo. Porque obras como esta no solo nos muestran otras realidades que están ahí, y que son palpables. Nos devuelven a lo que somos, a ese hombre desnudo que conquistó el mundo y que no temía a hacerse preguntas sobre todo lo que lo rodea; cuestionarse sin límites, indagar sobre lo que nos inquieta sin miedo a lo desconocido. Porque también sobre lo desconocido podemos arrojar una luz que le dé sentido a nuestra existencia.

Mi buen amigo Esteban Cruz es de esas personas de formación científica que, como otros que cambiaron la historia, no les tienen miedo a las críticas. Lo admiro porque se sigue emocionando como un niño cuando descubre cómo lo imposible se puede convertir en real. Les mostrará en las siguientes páginas una serie de hechos, relatos y entrevistas que les harán plantearse cuál es nuestro verdadero final. Testimonios, datos de expertos de fama mundial y de otras personas que un día simplemente se toparon con una certeza que cambió sus vidas para siempre. Un libro que despertará sus conciencias, una visión distinta del mundo en que vivimos, que ya compartieron nuestros antepasados hace miles de años. No hay que temerle a otra visión de la realidad, es mucho mejor que seguir caminando ciegos en un mundo sin sentido.

Juan Jesús Vallejo

ANTES DE EMPEZAR

Antes de tomar el sendero debo decirte que las siguientes páginas no contienen la verdad, ni pretenden contarla; no son el resultado de ningún estudio científico, ni un intento de ensayo filosófico o religioso: son testimonios y crónicas de personas que aseguran haber estado en las fronteras de la vida y la muerte, y que han regresado con recuerdos enigmáticos, esperanzadores, luminosos y, a veces, incomprensibles.

Estos testimonios los examiné gracias a las técnicas que adquirí durante mis estudios de Antropología e Historia, con el mayor rigor posible, si tenemos en cuenta las extrañas circunstancias en las que sucedieron los hechos que se describirán más adelante.

En las últimas páginas del libro incluí una descripción de cada uno de los capítulos con la intención de sintetizar los conceptos y fenómenos descritos, para que puedas elaborar tus propias conclusiones.

Seguramente estas conclusiones brotarán al tiempo que naveguemos sobre océanos de acontecimientos perdidos en el tiempo, entre los que se disuelve la esencia de nuestros amores, amigos y familiares fallecidos, cuya voz tal vez surja cuando pases a la siguiente página.

1

J. J. BENÍTEZ:

SEÑALES Y APARECIDOS

Era septiembre de 2018. Los rostros de los estudiantes se concentraban en las obras de Banksy que se proyectaban sobre el tablero, en donde se reflejaba la imagen de una niña cuyo corazón se le escapa de las manos, cuando mi celular empezó a vibrar. Lo ignoré y seguí con la charla, pero el aparato volvió a estremecerse, como si fuese un insecto que interrumpía mis palabras en la clase de Historia del Arte en la Escuela de Artes y Letras de Bogotá, así que lo apagué. El tiempo se agotó y los alumnos de la clase siguiente empezaron a asomarse por la ventanita de la puerta.

Guardé mis marcadores y encendí el teléfono, que empezó a mostrar una lista de llamadas perdidas que llegó a preocuparme.

Bajé la escalera del edificio mientras revisaba el menú de WhatsApp, en donde apareció una gran cantidad de mensajes del profesor Manuel González, de la Universidad Javeriana, que solicitaba que lo llamara con urgencia.

Salí de la Facultad y caminé con afán. Un sol anaranjado coloreaba las casas de la avenida Caracas, cuyos garajes estaban ocupados por ferreterías, restaurantes y almacenes de comida para perros.

Oprimí la pantalla y llamé a González:

—¡Hola! ¡Te tengo una sorpresa impresionante! —afirmó con la voz entrecortada.

—Cuénteme, profesor —le respondí con rapidez.

—¿A que no te imaginas quién está en Bogotá?

—No tengo ni idea —contesté.

—Estoy en el hotel Terra 100 con Juan José Benítez, que llegó ayer para investigar unos casos ocurridos en Colombia. ¿Te gustaría conocerlo?

No supe qué contestarle; atravesaba la avenida Chile, y una serie de recuerdos me transportaron a los años ochenta, cuando estudiaba en el Colegio Alberto Merani y algún profesor dejó un libro abandonado sobre una de las sillas de la ruta escolar.

Se trataba de un tomo grueso y compacto que me deslumbró con su portada, que mostraba a un astronauta en medio del cosmos rodeado por Jesús de Nazaret y sus doce apóstoles: era el primer tomo de *Caballo de Troya*.

Me llevé el libro y lo devoré en cuestión de días. Luego vinieron *Los astronautas de Yavé*, *La quinta columna*, *Existió otra humanidad* y *Terror en la Luna*, todos de J. J Benítez, que llegaron a mi casa después de que mis padres los consiguieran con los libreros del centro. Fue así como repasé docenas de volúmenes que considero clásicos y que todavía gozan de gran popularidad en Hispanoamérica.

—Claro que sí. ¿Cuándo? —le dije a González.

—Vente para el hotel, estamos en la recepción.

Paré el primer taxi que encontré, que tomó la autopista norte en medio de un trancón monumental. Bicicletas y motos nos rebasaban y al mismo tiempo un puñado de hombres nos ofrecían manos libres y parlantes Bluetooth mientras se deslizaban entre furgones y camionetas.

Al alcanzar la calle 100, el automóvil dio un giro al oriente, en donde se alzaban los cerros, que parecían murallas verdes y resplandecientes. Al llegar al hotel, le entregué un par de billetes al conductor y me dirigí a la entrada, que tenía un aspecto ligeramente elegante.

—¿Le puedo servir en algo? —me preguntó el recepcionista envuelto en un uniforme oscuro y lúgubre.

—Vengo a encontrarme con el señor J. J. Benítez —le respondí.

—Lo siento, pero no tenemos ningún huésped registrado con ese nombre —contestó con tono indiferente.

Tomé el celular y le escribí al profesor González, que apareció por una puerta y me llevó hasta el *lobby*, en donde un pequeño grupo de entusiastas se congregaba alrededor de Benítez, que llevaba puestos unos jeans y un chaleco de explorador.

Esperé a que terminaran de hablar y me presenté, entregándole una copia de *Expedientes X Colombia*, el libro que acababa de publicar. Benítez me comentó que conocía algunos de los casos que ahí abordo, lo que me dejó gratamente sorprendido. Le pedí una entrevista para *Más Allá*, el programa que dirigía en Redmas Televisión, a lo que accedió de inmediato.

Le conté a Yohana Arenas, la productora del programa, quien rápidamente consiguió que nos asignaran una camioneta y un camarógrafo, que intentó armar un set improvisado en el comedor del hotel, plagado de ruidos y chirridos provenientes de la cocina.

En medio del bullicio, intenté concentrarme en las preguntas que quería hacerle; repasé mentalmente la saga de *Caballo de Troya* y sus libros sobre objetos voladores no identificados.

Un aroma a pollo en salsa bechamel envolvió las banquetas que recostamos sobre las paredes, que exhibían murales acrílicos donde se dibujaba Bogotá, cuyas texturas me recordaron a Banksy.

—¿Estamos listos? —preguntó Benítez.

Observé el grueso tapete que nos rodeaba, cuyos hilos bosquejaban hojarascas, que me recordaron el suelo y el olor a humedad de los cementerios del norte de la ciudad, a donde había asistido a los funerales de antiguos compañeros de colegio, en los que me había enterado de que algunos de nuestros profesores también habían muerto.

Respiré profundo y recordé los buses de la funeraria, el prado resplandeciente, los lagos habitados por cisnes, y pensé en la posibilidad de que los arquitectos y paisajistas de los camposantos intentaran emular nuestra idea del paraíso alrededor de lápidas y tumbas coronadas por flores y guirnaldas.

Revisé la libreta en la que llevaba las preguntas que quería hacerle a Benítez: ¿cuál fue el caso de ovni que más lo impresionó? ¿Cuál es el final de la saga de *Caballo de Troya?* ¿Por qué sus libros no han sido llevados al cine?, pero los rostros de mis amigos muertos se mezclaban con los renglones y las interrogaciones tomaron la forma de recuerdos melancólicos, que me llevaron a dejar mis apuntes a un lado y a enfocarme en el rostro de J. J., que parecía estar sumergido entre un océano de reflexiones:

—Me gustaría que habláramos de la vida después de la muerte —le dije.

Benítez se enderezó. El camarógrafo encendió su aparato y un ruido blanco se coló por los micrófonos; afuera tronaba y las calles se llenaban de granizo.

J. J. BENÍTEZ

¿Quién es J. J. Benítez?
Un hombre contradictorio, lleno de dudas, que investiga o que trata de investigar y que lleva más de cuarenta años tras el misterio, el fenómeno ovni, la vida después de la muerte, y que cada vez sabe menos.

¿Cómo comenzó a investigar casos de misterio?
Fue en el año de 1968, antes de que empezara con el tema ovni. Por ese tiempo era periodista profesional en España y me encon-

tré con un compañero en una rueda de prensa que me contó una historia que me dejó sorprendido.

¿Qué le contó?
Él había luchado en Rusia, en la Segunda Guerra Mundial, con la División Azul[1], y le tocó llevar unos explosivos de un lugar a otro. Mientras caminaba por un bosque, lo arrolló una ventisca y los rusos le lanzaron una granada que lo dejó medio ciego y aturdido. Entonces surgió otro soldado que le preguntó si estaba bien. El hombre le respondió que no, que estaba herido, y el militar lo cargó hasta un hospital de campaña.

¿Qué sucedió después?
Lo recibieron los cirujanos, se despidieron y el desconocido se marchó. Cuando se curó, les contó a sus compañeros lo que le había sucedido. Los médicos quedaron estupefactos: "¡Eso es imposible!", le dijeron. "¿Por qué?", preguntó. "¡Porque a ese muchacho que describes lo mató un mortero hace setenta días!", le respondieron.

A mí esa historia, contada por un periodista reconocido y serio, me impactó tanto que empecé a investigar casos de vida después de la muerte, y he llegado a reunir miles de ellos.

Muchos dicen que la mayoría de experiencias con el más allá son producto del estrés o de trastornos mentales.
Siempre hay personas que te dicen "a lo mejor son alucinaciones o es imaginación de la gente". Está bien, pero yo pienso que muchos casos no son alucinaciones ni imaginaciones, son experiencias reales.

1 La División Azul, o *Blaue Division* en alemán, fue un destacamento de voluntarios españoles que apoyó al ejército nazi durante la Segunda Guerra Mundial.

Los casos que usted investigó no son experiencias cercanas a la muerte, sino algo mucho más complejo.
Efectivamente. No se trata de casos de gente que haya estado muerta y regresado, sino de presencias que se mueven, tienen volumen, son transparentes, pueden atravesar cosas o interactúan llegando a provocar quemaduras en las paredes o en los tapetes de una casa.

Se dice que las personas que ven este tipo de apariciones tienen algo especial.
Hay de todo, esto le puede pasar a todo el mundo. He entrevistado a científicos, profesores, campesinos, amas de casa; es una experiencia muy común, que está en muchas partes y en muchos países.

Con todas estas experiencias usted escribió un libro sobre la vida después de la vida.
Sí, *Estoy bien*.

Las reseñas dicen que el libro contiene más de ciento treinta casos de encuentros con personas fallecidas.
Sí. *Estoy bien* es un libro en el que cuento muchas investigaciones de personas que han visto o han hablado con amigos o familiares que están muertos en todo el mundo, y es verdaderamente espectacular. Después de reunir toda esta información no me queda la menor duda de que la vida continúa.

¿Por qué?
Porque es imposible que se pongan de acuerdo un señor que vive en Pittsburgh, en Estados Unidos, y una niña en Pakistán para contar lo mismo, para decir que han visto y han hablado con una persona que está muerta.

¿Qué pasó en Pittsburgh?

El caso de Pittsburgh es una cosa completamente absurda. Un profesor universitario estaba buscando un libro de poemas escrito por un amigo que, de repente, se presenta en la madrugada y le dice: "El libro que estás buscando está sobre tu mesón". El profesor se levanta, va hasta su escritorio, lo encuentra, y enseguida suena el teléfono. Contesta y le informan que el funeral del autor del libro sería esa misma tarde.

Todas estas historias suceden todo el tiempo, en todo el mundo, lo que me lleva a pensar que luego del dulce sueño de la muerte, vives en otro lugar y en otro cuerpo: un cuerpo físico, nada de espíritu.

De los casos que investigó, ¿cuál llegó a impactarlo?

Uno aquí en América, en República Dominicana. Entrevisté a una señora que se había separado de su marido, que murió en España. Un día estaba cosiendo en un salón cuando apareció una nube muy densa, desde una esquina, que se fue definiendo hasta tomar la forma de un hombre, su exmarido, que le dijo: "No te asustes, estoy bien. Vengo a decirte que en un banco hay una cuenta con un dinero del que no sabéis nada, díselo a nuestros hijos".

La mujer tomó una libreta, anotó los dígitos y sintió mucho miedo, porque pensaba que la iban a tomar por loca. Aun así les contó a los hijos, que fueron al banco en donde había una cuenta con trescientos mil dólares, en el año de 1982.

Aquí es cuando no me encaja lo de las alucinaciones: había trescientos mil dólares. Eso significa, sencillamente, que después de la vida hay otra vida de la que no sabemos mucho, pero que parece ser mucho mejor, infinitamente mejor que esta.

En el caso que usted menciona, la intención del aparecido es entregar un mensaje. ¿Son todos así?
En este caso existe un mensaje; en otros casos salvan la vida de las personas, y en otros no hay ninguna intervención, simplemente aparecen de forma absurda. Aunque creo que en todos los casos tienen la intención de mostrarnos que siguen vivos y están bien.

¿Puede relatarnos algún caso absurdo?
Recuerdo mucho el de una cristalería en la que entra un joven y el dependiente habla con él por más de cinco minutos, en los que toma nota de unas medidas para instalar una cortina. Tiempo después envían un técnico a la dirección acordada y lo recibe una mujer, que le dice que no ha pedido ningún servicio y que allí no vive ningún joven.

La mujer, guiada por su intuición, va a la cristalería y le muestra al dependiente tres fotografías, en las que aparecen sus tres hijos, y le pide que le señale si fue alguno de ellos quien le pidió instalar la cortina. Sin dudarlo, el hombre señala al del medio. "¿Este, seguro?", pregunta la mujer. "Completamente", le dice el hombre con total seguridad.

Pues resulta que el joven que había ido a la cristalería era idéntico a su hijo, que había muerto tres años atrás en un accidente de tránsito. ¿Qué es eso?, ¿para que aparecen? Realmente no le encuentro más sentido que mostrarnos que la muerte no es el final, sino el principio de algo que no comprendemos.

Usted también ha investigado otro tipo de apariciones. En su libro *La quinta columna* describe unas presencias que surgían en una región de España.
Sí. Las Hurdes es una región española próxima a Portugal. Ahora está bien, pero hace unos años estaba muy abandonada; eran caseríos dispersos y muy atrasados. Empezaron a surgir unos seres que

llamaron la atención. Yo me fui a investigar y me contaba la gente del pueblo, muy sencilla y humilde, que veían brotar del suelo a unas criaturas vestidas de negro que los atemorizaban, llegaron incluso a tirarles piedras.

En muchas culturas este tipo de apariciones se asocian con malas muertes, como el suicidio.
Todo el mundo piensa que el suicida va directo al infierno o a lugares parecidos: pues no. Según lo que he investigado, vamos todos a un lugar en donde no existe esa clase de juicios.

Hemos hablado de casos de apariciones de difuntos, de sus investigaciones. Me gustaría entonces preguntarle: ¿ha tenido usted una experiencia cercana a la muerte?
Sí, tuve una experiencia, pero no vi el túnel; no vi nada. Simplemente tuve un problema en el corazón y me hicieron un cateterismo, con la mala fortuna de que el catéter me seccionó la aorta y estuve a cinco minutos de pasar al otro lado. Lo que sí puedo decir es que esa experiencia cercana a la muerte fue como un sueño extraordinariamente dulce: yo era consciente de que me estaba yendo, durmiendo, porque la muerte es dormir. Luego me llevaron a un quirófano en donde me retornaron a la vida. Es la única vez, que yo sepa, que he estado con un pie en el más allá.

Si existe un hilo conductor en las grandes religiones, es la vida después de la muerte.
Sí; lo que pasa es que las religiones, desde mi punto de vista, no han sabido transmitir lo que seguramente es la verdad, que no es una cuestión de ser bueno o malo, o comportarse bien en la vida o no para ir al cielo o al infierno. Todos los seres humanos, todos, sean buenos o malos, sean creyentes o no, todos van al mismo lugar, siguen vivos y nadie les juzga.

El ser bueno o ser malo es un juego dentro de esta existencia que no podemos entender bien porque nuestra capacidad es muy pequeña, y lo que hay al otro lado es enorme. Entonces, lo que hacen las religiones es despistar a las personas. Por eso yo siempre le recomiendo a la gente que huya, que piense por sí misma.

Aparte de las religiones y de todas sus investigaciones, ¿qué piensa J. J. Benítez de la vida después de la muerte?
Estoy seguro al ciento cincuenta por ciento de que después de la muerte hay vida y que es mucho más interesante, mucho más física que esta.

Para terminar, ¿qué es la muerte?
Es volver a casa.

APARECIDOS Y APARICIONES

Aunque las apariciones de personas fallecidas como las investigadas por J. J. Benítez pueden parecer anecdóticas, los registros de casos similares han sido frecuentes a través de los tiempos.

Estos encuentros se han almacenado en crónicas y testimonios que representan temores y creencias de épocas distantes, en las que acadios, sumerios y asirios construyeron templos monumentales en medio de las dunas de Mesopotamia, en donde levantaron las primeras ciudades, desarrollaron la escritura, la astronomía y las matemáticas.

Fueron sociedades complejas que se establecieron hace cinco mil años en las riberas del Tigris y el Éufrates. Creían en la existencia de deidades sobrenaturales, que los griegos denominaban *daimones* y los cristianos transformaron en "demonios": Marduk de Babilonia, Enlil de Sumer, Pazuzu, el señor de los vientos de

Asiria. Eran seres provenientes de esferas cósmicas que podían ser benevolentes o malvados, de acuerdo con las circunstancias.

Eran tiempos agrestes en los que se pensaba que el alma del fallecido viajaba a un lugar polvoriento y melancólico llamado Irkalla, en donde permanecía en total tranquilidad si sus familiares cumplían con los ritos funerarios, que consistían en ofrecer comida y objetos en su tumba[2]. Eran ajuares funerarios en los que los deudos les mostraban su amor a los difuntos, a quienes en ocasiones les dejaban piezas de oro, símbolos y textos mágicos para que pudiesen negociar con las deidades del inframundo. Si no lo hacían, los espíritus sufrían penurias y podían retornar para vengarse, bajo la forma de espectros llamados *etemmu*.

Los *etemmu* o *gidim* surgían en el momento de la muerte y se hacían visibles en sus antiguas casas o lugares de trabajo, como sombras o silbidos que provocaban malestares y enfermedades mentales. Sabemos de estas agresiones gracias a escritos y poemas que narran las apariciones de estos espíritus en caminos y campos, como los publicados por la historiadora Érica Couto, quien ha investigado las creencias mesopotámicas. Estos son algunos fragmentos de un poema redactado sobre una tablilla de arcilla, que describe cómo un difunto se manifiesta en una aldea, mediante lamentos y gemidos:

> El joven que en la calle aparece
> vive continuamente solo.
> El joven que, por la mano (a causa) de su destino
> Derrama (lágrimas) amargamente.
> [...]
> El joven a quien el lamento
> su persona quemó[3].

2 Los ritos funerarios mesopotámicos variaron de acuerdo con la cultura y el momento histórico en el que se desarrollaron. Solían ser bastante elaborados.

3 Couto (2005, p. 40).

En este sentido, los aparecidos de la antigua Mesopotamia son diferentes a los descritos por J. J. Benítez, pues, además de ser vengativos, ostentaban la capacidad de poseer a sus víctimas, que eran sometidas a liberaciones y exorcismos por parte de médicos sacerdotes que invocaban antiguas deidades como Shamash, el dios que representaba al sol y juzgaba a los muertos en el inframundo.

Sin embargo, la creencia en aparecidos no era única de Mesopotamia. En culturas ancestrales como la del Antiguo Egipto también se registran manifestaciones similares.

Fue allí, en los márgenes del Nilo, bajo soles incandescentes que alumbraban los tocados de los faraones de las arenas, en donde surgieron complejas religiones que concebían a los seres humanos como la unión de tres fuerzas: el *ka*, la fuerza vital; el *akh*, la luz interior, y el *ba*, la personalidad[4].

Estas fuerzas se fragmentaban en el momento de la muerte y exigían la conservación del cadáver mediante la momificación y la entrega de objetos y alimentos que aseguraban su bienestar en la otra vida. Es por esto que los sacerdotes dejaban un ejemplar del *Libro de los muertos*[5] junto a los sarcófagos, para que los difuntos

4 En realidad el *ka*, el *akh* y el *ba* son conceptos mucho más complejos, que algunos egiptólogos consideran difíciles de traducir y a los que tendríamos que dedicar tomos enteros para lograr explicarlos a cabalidad.

5 El *Libro de los muertos* es uno de los documentos históricos más importantes del Antiguo Egipto. Se trata de una colección de jeroglíficos dibujados sobre rollos de papiro, que se encuentran en tumbas y sepulcros de personas pertenecientes a todas las clases sociales, que contiene fórmulas mágicas para combatir a criaturas oscuras y encontrar el camino correcto en el país de los muertos. Los ejemplares más antiguos provienen del III milenio antes de Cristo, y se produjeron en tal magnitud que es común que aparezcan en excavaciones arqueológicas modernas.

pudieran utilizar sus hechizos en su viaje al inframundo, en donde serían juzgados por el dios Osiris.

No obstante, algunos papiros sugieren que el *ka* de las personas fallecidas podía regresar y poseer a una momia o una estatua para manifestarse, lo que derivó en la creación de personajes de películas y novelas de terror. Algunos de estos filmes deforman los credos ancestrales que concebían que los fallecidos podían convivir e interactuar con los vivos, como lo sugiere el *Papyrus Leiden AMS 64*, un documento que contiene los reclamos de un hombre a una entidad fantasmal: "Al excelente espíritu de Ankhiry: ¿Qué crimen cometí contra ti para haber llegado a esta miserable situación en la que me encuentro? ¿Qué es lo que te he hecho?"[6]. Este pergamino fue publicado en el texto "Aparecidos en el Antiguo Egipto" del egiptólogo español Ignacio Ares, quien ha dedicado su vida a analizar este tipo de registros.

Estos registros también los encontramos entre sabios y filósofos de una de las culturas más importantes de todos los tiempos: la Antigua Grecia.

Para los griegos, los aparecidos se presentaban cuando alguien sufría una muerte violenta o por la ausencia o mala práctica de los ritos funerarios. Eran almas ambivalentes que podían ayudar a los vivos a cambio de buenas acciones, como narra el filósofo Cicerón en su obra *De divinatione (On Divination)*. Allí explica cómo el poeta griego Simónides encontró el cuerpo de un hombre abandonado, abrió una fosa, celebró los ritos y lo enterró. Días después, el hombre se le apareció entre sueños y le advirtió que se alejara del mar. Simónides, que tenía un viaje planeado, se quedó en tierra, mientras que el barco que planeaba tomar se hundió con todos sus ocupantes a bordo.

6 Ares (2014).

La función de esta aparición fue retribuir a Simónides y advertirle del peligro. Esto contrasta con las manifestaciones conocidas como *Vrykolakas*, que eran espíritus que succionaban la energía de los vivos y podían aparecer físicamente, solicitando objetos o comida. Se creía que estas apariciones podían entrar a las casas de forma invisible y manipular objetos, lanzándolos por el suelo o quemándolos, como también sugiere J. J. Benítez en algunos de los casos expuestos en su libro *Estoy bien*.

Por otro lado, los antiguos griegos también creían que los *Vrykolakas* podían atacar a sus víctimas sentándoseles en el pecho mientras estaban dormidas, con el fin de robarles la energía.

Para muchos historiadores modernos, la creencia en los *Vrykolakas* o *Brucolacos* sería el inicio de las leyendas de aparecidos modernos, quienes no están vivos ni muertos, y entran en contacto con los vivos.

APARECIDOS MODERNOS

Aunque la llegada del pensamiento científico y el racionalismo disolvió las creencias en aparecidos, existen casos recientes que nos llevan a pensar que continúan vigentes en muchas regiones del planeta.

Por ejemplo, encontramos el caso de Peter Plogojowitz, quien murió en septiembre de 1725, en la aldea de Kisiljevo (Serbia). Según sus vecinos, regresó tres días después a su casa para hablar con su viuda, a quien le pidió un par de zapatos y algo de comida, después de lo cual se perdió entre la noche.

Durante los siguiente días, se desató una extraña enfermedad en el pueblo; diez personas fallecieron en medio de fiebres, nueve de las cuales afirmaron haberse encontrado con Plogojowitz antes de ser contagiadas, lo que causó pánico entre la población.

Con el fin de controlar la situación, el Imperio austrohúngaro —que invadía el país— envió un destacamento que incluía oficiales médicos, que encontraron a la aldea sumergida en una especie de histeria.

Uno de los comandantes del grupo, de apellido Frombald, registró los acontecimientos en un informe enviado a sus superiores en la ciudad de Viena, que fue descubierto en 1993 por el investigador de La Sorbona Antoine Faivre, en los archivos del Estado austriaco:

> Tras la muerte de un sujeto de nombre Peter Plogojowitz, diez semanas antes y después de haber sido enterrado conforme a las costumbres de las gentes [...] Y ya que muestra signos reconocibles de que su cuerpo no se descompone [...] resolvieron de modo unánime abrir su tumba [...]. Con este objeto acudieron a mí para solicitar mi presencia y la del sacerdote local. Y a pesar de que en un principio expresé mi desaprobación me respondieron que yo podría hacer lo que quisiera, [...] el cuerpo de Peter Plogojowitz que estaba recién desenterrado, no expedía el hedor que es característico de los muertos y estaba perfectamente fresco. El cabello y la barba le habían crecido de nuevo, la piel se había desprendido y una nueva había surgido. La cara, las manos y los pies estaban bien conservados[7].

Aunque el documento parece sorprendente, existen muchas explicaciones sobre lo sucedido. Una de ellas es la creencia en *vampirs*: cadáveres que volvían a animarse cuando las almas no encontraban orificios por los que escapar del cuerpo; rompían su sepultura y volvían a sus casas en medio de la noche para saciar sus deseos de comida y sexo. Se dice que son presencias capaces de dejar huellas físicas que son detectadas por niños y perros, y que pueden entablar charlas y lanzar profecías, aunque dejan una

7 Arries (2008).

estela de muerte y enfermedad debido a su carácter antinatural, por lo que deben ser destruidos.

Son criaturas que para muchos influenciaron la concepción de los vampiros modernos, que inundan el cine y la televisión con su sed de sangre y sus poderes sobrenaturales, que son, en el fondo, rezagos de antiguos humanos que se transformaron en criaturas de la noche.

Aparte de esta explicación, podríamos aventurarnos a afirmar que lo sucedido con Peter Plogojowitz puede ser producto de los cambios físicos y químicos que sufre un cadáver después de la muerte, pues la piel tiende a retraerse al mismo tiempo que se deshidrata, lo que hace parecer que las uñas y el pelo crecen.

El caso anterior es muy diferente al sucedido en el 2004, cuando los vigilantes de un antiguo edificio ubicado en el centro de Bogotá manifestaron observar la silueta de una mujer que recorría los despachos durante las madrugadas.

Esta historia se transformó en una leyenda urbana hasta que en el 2006 Miguel Ortiz, un guarda de seguridad que apagaba las luces de las oficinas, se encontró con una mujer rubia, bien maquillada, de unos cuarenta años, que le pidió que dejara las de la cuarta planta encendidas. El hombre quedó impresionado por el resplandor de sus labios, le hizo caso y siguió con su labor.

Al finalizar se encontró con su supervisor, quien le preguntó: "¿Por qué continúan las luces encendidas?", a lo que Ortiz respondió: "Por hacerle caso a la mona". Los hombres se dirigieron al ascensor y caminaron hasta el cuarto piso, sin encontrar señales de vida. Regresaron a la portería y revisaron las grabaciones de las cámaras, en donde hallaron algo sorprendente: una mujer de cabello rubio y traje largo aparecía siguiéndolos durante todo el recorrido.

Asustados, los guardas volvieron a inspeccionar las oficinas, el ascensor y los cerrojos, pero no encontraron nada extraño. Enseguida reprodujeron las imágenes de las puertas de acceso, que no mostraron ninguna anomalía. Al día siguiente informaron la situación a sus superiores, quienes les ordenaron guardar silencio. Sin embargo, los videos fueron vistos por miles de espectadores luego de que se publicaran en un noticiero de televisión.

Para explicar esta aparición, los escépticos afirman que "la mona" era en realidad la amante de uno de los testigos, quien lo niega con el argumento de que fueron ellos quienes denunciaron su presencia.

Debido a la popularidad de la aparición, algunos periodistas se dieron a la tarea de investigar en los archivos históricos. Uno de ellos fue Lucevin Gómez, del periódico *El Tiempo*, quien, en 2004, logró entrevistar a Libardo Bravo, un antiguo vigilante que se había enfrentado a un ser similar a "la mona", en 1984, en los pasillos de edificio Liévano de la Alcaldía Mayor de Bogotá:

> Era un día de Semana Santa, como hacia las 11 de la noche. No me había tomado ni un tinto. Estaba dándole vuelta al edificio y cuando iba por el segundo piso, al fondo, donde hoy están las oficinas de la Secretaría General, vi como algo que se movía. Me fui acercando y encontré que era un bulto blanco, como de 1,60 metros de altura, que se movía por encima del piso. No se le veían pies ni cabeza. De pronto, ese bulto se metió rápidamente por esas oficinas y oí que se puso a escribir en una máquina. La verdad, me dio mucho miedo. Me bajé corriendo al primer piso[8].

Observamos entonces que se trata de un caso similar a los descritos por Benítez y que concuerda con los extraños hechos publicados por la socióloga japonesa Yuka Kudo, quien en 2016

8 Gómez (25 de julio de 2004).

entrevistó a más de doscientas personas que afirmaban haber visto aparecidos en las costas de Japón, después del tsunami del 2011.

Los testigos relataron que observaron seres de carne y hueso que se comportaban de una forma particular y que fueron identificados como víctimas de la tragedia gracias a registros fotográficos. "Un taxista que trabajaba de noche encontró a una niña de aspecto extraño que se hallaba sola. Tras preguntarle dónde estaban sus padres, le ofreció llevarla a su casa, ella agradeció con una sonrisa y luego, según su relato, se desvaneció al frente de él. El consternado taxista aseguró haber tocado la mano a la pequeña", afirmó Kudo para la BBC[9].

También existen testimonios protagonizados por personas que caminaban por parques o playas y entablaron charlas con desconocidos que, tiempo después, fueron identificados como fallecidos en las inundaciones. Asimismo, Kudo aclara que sus investigaciones no están dirigidas a comprobar la existencia de fantasmas, sino a estudiarlos como un fenómeno sociológico relacionado con el desastre.

En este sentido, manifestaciones parecidas han sido explicadas por psiquiatras y psicólogos como parte del duelo colectivo de comunidades afectadas por catástrofes. Son investigaciones que buscan darles una respuesta científica a estos fenómenos.

UN MUNDO SIN FANTASMAS

A pesar de que muchos científicos se niegan a comentar este tipo de apariciones, algunos las han analizado, con conclusiones sorprendentes. Es el caso de Vic Tandy, profesor de la Universidad Coventry, quien se interesó por este tipo fenómenos a principios de

9 BBC (28 de febrero de 2016).

los ochenta, cuando sus compañeros de laboratorio se quejaron de ser asediados por seres invisibles, y el personal de limpieza aseguró percibir la silueta de una persona durante las noches.

Al no encontrar explicación alguna, los miembros del equipo de investigación empezaron a sugerir la existencia de algún tipo de actividad paranormal, que el mismo Tandy consideró real después de sentir que "algo" lo acompañaba.

Intrigado, analizó cada rincón de las instalaciones hasta descubrir un ventilador que generaba una frecuencia de 18.9 Hz, imperceptible para el oído humano, que provocaba vibraciones y afectaba la percepción de los trabajadores.

Meses después, Tandy publicó el artículo "The Ghost in the Machine" en el *Journal of the Society of Psychical Research*, en el que establece que cierto tipo de frecuencias pueden generar alucinaciones auditivas y visuales que podrían confundirse con fantasmas.

Con el fin de probar su teoría, se dio a la tarea de visitar lugares en donde eran comunes las apariciones, como el Castillo de Edimburgo o la Catedral de Coventry. Allí registró la presencia de frecuencias de onda similares, lo que lo llevó a concluir que muchos de estos sitios podrían estar vinculados a vibraciones que podrían inducir alucinaciones a sus visitantes.

Asimismo, Tapani Riekki, Marjaana Lindeman y Tuukka T. Raij, investigadores de la Universidad de Helsinki, reunieron a un grupo de creyentes y escépticos y los sometieron a una serie de exámenes, como tomografías cerebrales, que revelaron que quienes creían en temas paranormales tenían mayor capacidad para anular pensamientos no deseados ante extrañas coincidencias; esto los induce a aceptar con mayor facilidad la existencia de explicaciones sobrenaturales, mientras que los escépticos tienden a juzgar los sucesos ilógicos como hechos fortuitos.

Igualmente, Brian Cox, físico de la Universidad de Manchester e investigador en el Gran Colisionador de Hadrones, afirmó en el 2017 que los espíritus no podrían existir en nuestro universo:

> Si es que existe algún tipo de sustancia que maneja nuestros cuerpos, que hace que nuestros brazos y piernas se muevan, entonces tiene que interactuar con las partículas que componen nuestros cuerpos [...] Viendo que hemos realizado mediciones con una alta precisión sobre la forma en que las partículas interactúan, entonces mi afirmación es que no existe algo así como una fuente de energía que maneje nuestros cuerpos[10].

Así pues, la ciencia estaría en desacuerdo con la existencia de aparecidos a partir de la evidencia encontrada en diversos estudios realizados al respecto. Estos argumentos proponen una idea materialista de la vida y son predominantes en la actualidad.

LOS APARECIDOS DE J. J. BENÍTEZ

Lejos de la historia y los estudios científicos, las teorías de J. J. Benítez acerca de la vida después de la muerte se sustentan en las investigaciones recopiladas en el libro *Estoy bien*, en el que presenta más de ciento treinta casos de apariciones de personas fallecidas, que se describen como presencias físicas que pueden intervenir y alterar la realidad.

Es una idea similar a la que encontramos en la novela *Más allá de los sueños*, de Richard Matheson, en la que el cielo es un lugar físico en donde los sentimientos pueden modificar al universo. Este texto fue llevado al cine en 1998 por Vincent Ward, y protagonizado por Robin Williams.

10 Redacción *Emol* (2017).

Se trata de una teoría distinta a las tradicionales, sobre la que empecé a meditar mientras ayudaba a introducir los equipos en el baúl de la camioneta. Un aroma a esmog y humedad se levantaba sobre Bogotá; había dejado de llover y el granizo se derretía sobre extensos charcos que se desvanecían entre brumas invisibles.

BIBLIOGRAFÍA

Artículos

Arries, Javier, "Peter Plogojowitz", portal web de Javier Arries, 2008. Disponible en: https://www.arries.es/la_cripta/casos/pedro_plogojowitz.html

Couto, Érica, "Los espectros furiosos como causa de enfermedad en Mesopotamia". *Historiae*, n.° 2, 1, 2005, pp. 27-53. Disponible en: https://www.raco.cat/index.php/Historiae/article/view/286645.

Ewerthon, Tobace, "Los relatos de fantasmas en la zona devastada por el tsunami de 2011 que aterran a Japón", BBC, 28 de febrero de 2016. Disponible en: https://www.bbc.com/mundo/noticias/2016/02/160227_internacional_japon_tsunami_espiritus_ppb

García, María Fernanda, "Mitos y leyendas sobre apariciones de mujeres en Bogotá", revista *Aló*, 29 de octubre de 2012.

Gómez, Lucevin, "El fantasma de la alcaldía mayor", *El Tiempo*, 25 de julio de 2004. Disponible en: eltiempo.com/archivo/documento/MAM-1503278

Redacción *El Tiempo*, "El lugar que habitan los fantasmas", *El Tiempo*, 31 de octubre de 2004. Disponible en: https://www.eltiempo.com/archivo/documento/MAM-1505973

Redacción *Emol.com*, "¿Existen los fantasmas? Físico británico explica por qué no es posible", *Emol.com*, 2017. Disponible en: https://www.emol.com/noticias/Tecnologia/2017/02/27/846997/Cientifico-del-CERN-descarta-la-existencia-de-los-fantasmas.html

Riekki, Tapani; Lindeman, Marjaana y Raij, Tuukka T., "Supernatural believers attribute more intentions to random movement than skeptics: An fMRI study", *Social Neuroscience*, 9, 4, 2014, pp. 400-411.

Tandy, Vic y Lawrence, Tony R., "The Ghost in the Machine", *Journal of the Society for Psychical Research*, Vol. 62, n.° 851, abril de 1998. Disponible en: https://www.researchgate.net/publication/24236415_A_Ghost_in_the_Machine

Libros

Aguirre Castro, Mercedes; Delgado Linacero, Cristina y González-Rivas, Ana (eds.), *Fantasmas, aparecidos y muertos sin descanso*, Madrid: Abada Editores, 2014.

Anónimo, *El libro de los muertos*, Madrid: Edimat, 2016.

Ares, Ignacio, "Aparecidos en el Antiguo Egipto", en *Fantasmas, aparecidos y muertos sin descanso,* Madrid: Abada Editores, 2014, pp. 13-24. Disponible en: https://nachoares.com/articulos/aparecidos-en-el-antiguo-egipto/

Benítez, Juan José, *La quinta columna*, Barcelona: Editorial Planeta, 1991.

---, *Caballo de Troya 1: Jerusalén*, Barcelona: Editorial Planeta, 2011.

---, *Estoy bien*, Barcelona: Editorial Planeta, 2014.

Cicerón*, On Divination. Book 1.* Traducción, introducción y comentario histórico de David Wardle, Nueva York: Oxford University Press, 2006.

Faivre, Antoine, Ésotérisme, gnoses & imaginaire *symbolique:* Mélanges offerts à, Lovaina-París: Peeters, 2001.

Matheson, Richard, *Más allá de los sueños*, Madrid: La Factoría de Ideas, 2007.

Películas

Ward, Vincent, *Más allá de los sueños* [película], Estados Unidos: Interscope Communications-Buena Vista Internacional, 1998.

Registro sonoro

Entrevista a J. J. Benítez, "¿Hay vida después de la muerte? J. J. Benítez lo afirma en entrevista exclusiva", *Más Allá*, Canal RedMas, 2019. Fragmentos disponibles en: https://www.youtube.com/watch?v=YYJjOFJFaYI

2

JAVIER VANEGAS MONTOYA:

LEVÁNTATE Y ANDA

Domingo 20 de octubre de 2013, 8:35 de la mañana
Patio Bonito, Bogotá, Colombia[11]

El olor a marihuana y pegante invadía cada esquina de la calle del "cartuchito", ubicada a escasas cuadras de la puerta seis de Corabastos. Allí, las montañas de basura y comida putrefacta se acumulaban en los rincones en donde se apostaban malandros y prostitutas que ofrecían sus servicios entre ollas y sopladeros de bazuco.

Hasta allá llegaron Javier Vanegas y su esposa Isolina Cortez para vender las cosas que encontraban entre las bolsas de basura del norte de la ciudad, y las empezaron a acomodar sobre una lona descolorida. La calle estaba llena de carretas, policías y hombres con collares de oro, que no reparaban en los patines rotos, las porcelanas quebradas y las revistas viejas que la pareja limpiaba con una bayetilla.

Solamente los miraba "Sandra", la "Chicholina", la "Chata", que se contoneaba con los pulmones repletos de bóxer y los ojos vidriosos.

11 La reconstrucción de los hechos aquí mencionados fue realizada a partir de entrevistas a algunos de sus protagonistas, y ajustada con el contenido de los reportajes que se apuntan en la bibliografía.

—Psss... pss... pss... —empezó a llamar a Isolina desde la acera de enfrente.

—¿Qué es lo que quiere? —le respondió la mujer.

—Primeramente, quiero decirle que yo a usted la respeto pero su esposo es un traidor, una porquería, una rata falsaria.

—Hágame el favor y me explica por qué me está diciendo eso.

—Porque cuando usted se va, su marido se larga a donde las viejas que tiene por la otra cuadra —aseguró la "Chicholina".

Isolina guardó silencio, sintió rabia y se devolvió hasta donde estaba su esposo:

—¡Ya estoy cansada de todo, Javier! Me están diciendo que otra vez tiene moza y así no se puede, ¡con usted no se puede! —le gritó adolorida.

Vanegas se llenó de motivos y se dirigió hacia donde estaba la "Chicholina", quien instintivamente se llevó la mano al bolsillo, en donde tenía un cuchillo de pelar papas con mango de madera, y antes de que él pudiera reaccionar, se le abalanzó encima y le clavó la punta del arma debajo del brazo. Él trastabilló y sintió una especie de espasmo mientras la mujer se escapaba entre un grupo de vendedores de hortalizas.

—¿Le pasó algo? —preguntó Isolina.

—Nada, mami, estoy bien —contestó el hombre con la voz apagada.

La mujer no confió en sus palabras; le levantó la chaqueta y sintió un líquido viscoso: tenía la camisa empapada de sangre y una herida debajo de la axila que se abría como si fuese una regadera.

Vanegas intentó caminar y se sintió ahogado.

—¡Auxilio, que me lo mataron! ¡Me lo mataron! —empezó a gritar Isolina, mientras los recicladores corrían de lado a lado en busca de ayuda.

Entre varios lo tomaron de los brazos y lo cargaron hasta el Centro de Atención Médica Inmediata de Patio Bonito, en donde lo remitieron al hospital de Kennedy. La pareja se subió entonces a un taxi, que estuvo a punto de estrellarse contra un furgón que transportaba carnes frías.

—Cuídeme a los hijos, cuídemelos bien —alcanzó a decir Javier antes de perder la conciencia.

—No se me muera, por favor, no se me vaya a morir. ¡No se me muera! —gritaba Isolina.

El taxista aceleró hasta llegar a la avenida Primero de Mayo, por la que giró frente a un edificio que parecía una caja de zapatos, en donde funcionaba el hospital de Kennedy. Se parqueó frente a la central de urgencias, abrió la puerta y ayudó a sacar al herido, al que acostaron sobre una camilla que llevaron enseguida al quirófano.

Domingo 20 de octubre de 2013, 10:03 de la mañana Hospital de Kennedy, Bogotá, Colombia

Las puertas se abrieron con premura mientras los enfermeros cortaban las ropas de Vanegas y las dejaban a un lado. "¡Código azul, código azul!", gritaban, mientras empujaban la camilla por un pasillo que estaba atestado de enfermos, quienes observaron al doctor Miguel Ramírez de camino al quirófano.

Habían pasado siete minutos desde que Javier entró a la sala de cirugía y su condición era crítica.

—Doctor, el paciente esta *in extremis* —mencionó la enfermera.

—No tiene tensión, no hay pulso ni respiración, y carece de reflejos —puntualizó el técnico quirúrgico.

—¡Preparémonos para una toracotomía de resucitación de emergencia! —ordenó el doctor Ramírez.

El anestesiólogo instaló una mascarilla sobre el rostro de Javier, que parecía una estatua. Los gases comenzaron a fluir mientras el cirujano pidió un bisturí y le realizó una incisión en el pecho que le dejó expuesto el corazón, sobre el que era visible una herida de tres milímetros en la aurícula izquierda, que Ramírez suturó con rapidez.

—Doctor, el paciente se encuentra en paro cardiorrespiratorio —mencionó el anestesiólogo.

—Los signos son escasos e inestables —aseveró el enfermero asistente.

Concentrado en el cuerpo de Vanegas, el cirujano observó el órgano dentro de la caja torácica, lo tomó con ambas manos y empezó a masajearlo; era un procedimiento riesgoso y la única posibilidad de salvarle la vida.

Habían pasado dieciocho minutos, y una sensación lúgubre se extendía por la sala, que contrastaba con el resplandor de las lámparas de cirugía, que brillaban como mil soles sobre los trajes del equipo quirúrgico.

A pesar del esfuerzo de los especialistas, el cuerpo de Javier no respondía; sus ojos se pusieron blancos, los monitores no encontraban signos vitales y su piel comenzó a adquirir el mismo tono de los cadáveres.

Sobre el minuto treinta y uno el anestesiólogo se alejó de la camilla, respiró profundo y se quitó los guantes:

—El paciente está muerto, no perdamos más el tiempo —afirmó, mientras Ramírez solicitaba que le inyectaran otra dosis de adrenalina y continuaba oprimiéndole el pecho.

Habían pasado cuarenta y siete, cuarenta y ocho minutos, cuando la mayoría se dio por vencida. No era la primera muerte que enfrentaban, pero toda muerte es una derrota para un médico, y a nadie le gusta ser derrotado por su peor enemigo.

A los cincuenta y dos minutos el doctor Ramírez le ordenó a uno de sus estudiantes que lo remplazara mientras el resto se preparaba para llevarlo a la morgue; pero a los cincuenta y tres sucedió algo increíble: el corazón de Javier empezó a latir luego de estar muerto durante casi una hora. La sangre oxigenó las arterias, su rostro se contrajo y comenzó a respirar. El equipo quirúrgico estaba frente a uno de los casos de resucitación más sorprendentes de la historia de la medicina.

Los monitores se activaron, el doctor Ramírez suturó las heridas y ordenó que trasladaran al paciente a la Unidad de Cuidados Intensivos, en donde temía que sucediera lo peor, pues el cerebro podría haber sufrido daños irreparables durante el tiempo en que había estado sin oxígeno.

Sin embargo, nada de esto sucedió, y Javier despertó ante el asombro del personal médico. "Vi gente muerta", le dijo a su esposa tan pronto pudo musitar palabra, y la noticia se regó como pólvora.

A la mañana siguiente el hospital se llenó de cámaras y micrófonos que querían entrevistar al "Lázaro de Corabastos", como empezaron a llamarlo. Al principio las directivas del hospital intentaron evitar a los medios de comunicación, pero sucumbieron ante la presión y permitieron que los periodistas entraran como si fuesen visitantes.

"No hay nada más que decir. Esto es un milagro", afirmó en televisión el doctor Juan Ernesto Oviedo, gerente del hospital.

LÁZARO HABLA: JAVIER VANEGAS MONTOYA

La fama del resucitado siguió aumentando y, luego de veintiocho días, visitó las instalaciones de La Cariñosa de RCN Radio, en donde contó los pormenores de su viaje al más allá:

Cuando entré a cirugía el corazón dejó de latirme; entonces entré en una película en la que llegó un mesías[12], un hombre que tenía una bata larga color crema, la cabeza tapada y unas sandalias de cuero hermosas, bellísimas, y que brillaban mucho.

Ese mesías me tomó de la mano y me llevó a una montaña con forma de caracol, que empezamos a subir hasta que alcanzamos la cresta, en donde me mostró un lugar grande, ancho y muy bonito, que era el paraíso.

En ese paraíso estaba la mamá de mi suegra, alma bendita que era cristiana, la hermana Ligia, la hermana Ana y muchas otras hermanas orándole al Señor, sentadas en círculo sobre unos pastales grandes y verdes, muy verdes, sin manchas de hielo ni de nada; era algo impresionante, algo hermoso. En medio de los pastales se veían unos árboles grandes y hermosos y tres burros. Unos burros negros, preciosos, con el pelo suave, como de peluche, que comían pasto.

Entonces el mesías me hizo subir y darle tres vueltas a la montaña hasta que llegamos a un punto en el que se podía ver un hueco en el que estaba el infierno. En ese momento todo se volvió muy doloroso, todo estaba muy oscuro y negro; se veía gente mala, muy mala, como la banda de los Alirios Canos, Mauricio el "Roedor", alias el "Nene", uno de los peores matones de Patio Bonito y otra gente perversa que ya estaba muerta.

También había unos amigos míos de la calle, malas amistades, torcidos que estaban metidos en un pozo de candela del que sacaban la cabeza y gritaban: "Auxilio, auxilio, ayúdenme"; en ese momento el mesías me agarró más fuerte y me apartó del barranco.

Era un lugar horrible, que olía muy mal, como a cal y azufre, y se escuchan muchos llantos y muchos gemidos; es algo muy difícil de describir porque todo pasó muy rápido, tan rápido que no pude ver gente famosa, ni a políticos, ni a Michael Jackson.

12 En el audio original, Vanegas nombra a la entidad como "mesías" o "mesié", que aquí interpretamos como un mesías, debido al contexto de su narración.

Entonces el mesías me jaló y empezamos a descender; yo me volteé y le dije que quería quedarme en el paraíso, pero él no quiso dejarme por alguna razón y me hizo descender más rápido, mucho más rápido.

Bajamos, bajamos y bajamos, y yo sentía que estaba sobre la tierra, que todo lo que había visto se quedaba atrás, muy atrás; que todo se perdía lejos, muy lejos.

Cuando ya llegamos a la Tierra, el mesías me soltó la mano, y cuando me soltó la mano se desapareció; sentí un golpe y abrí los ojos, y me di cuenta de que estaba lleno de mangueras en los brazos y tubos en la boca, y me sentí desesperado.

Entonces vi a unos médicos a los lados y empecé a decirles que me soltaran para moverme, pero no podía porque me tenían amarrado; volteé la cabeza y vi a mi mujer con mi sobrina, me sentí mal y empecé a llorar.

Al verme como estaba, mi esposa se puso a llorar también y el médico le pidió que se fuera, que se fueran de la habitación mientras se tranquilizaban, y las sacaron.

Vino una gente y me preguntó si había visto un túnel, pero no era ningún túnel, era una montaña alta, muy alta, por la que uno sube por un camino con forma de caracol, sin piedras ni escaleras ni nada, que está hecho de tierra pisada y firme.

Yo solo digo gracias a Dios por darme esta segunda oportunidad de vivir de nuevo, para recuperar el tiempo perdido, para recuperar a mi familia y a todo lo que me ha quitado el trago y el vicio[13].

13 Transcripción y adaptación de "El Lázaro de Corabastos" (19 de noviembre de 2013).

DOCTOR MIGUEL RAMÍREZ

"Mi nombre es Miguel Ramírez. Soy cirujano general, vascular periférico y de trauma; trabajé durante veintisiete años en el hospital de Kennedy, desde sus inicios e inauguración, operando pacientes con trauma y lesiones vasculares; nunca habíamos tenido un caso similar. El de Javier Vanegas impactó a todas las sociedades médicas y científicas, de cirugía, de cuidado crítico, porque nunca pudimos encontrarle una explicación científica.

"En ese momento era el jefe del departamento quirúrgico del hospital de Kennedy, adonde asisten los estudiantes de Medicina a rotar en cirugía de trauma, por lo que era profesor de seis universidades. Adentro del quirófano éramos doce personas, y para mí era un reto muy grande sacar adelante este caso; era una herida muy grande que logramos arreglar, pero el paciente venía en *shock* desde Patio Bonito, por lo que decidí romper el protocolo y hacerle un masaje cardiaco directo.

"El corazón estaba dilatado, cadavérico, sin futuro; yo seguí trabajándole y a los cincuenta y cuatro minutos volvió a latir sin ninguna explicación, por lo que pienso que sucedieron factores extraacadémicos, extracientíficos, y para mí es un milagro.

"Yo entiendo que hay mucho escepticismo en el mundo con el tema de los milagros, de lo que no entendemos, pero hasta el día de hoy no hay otra explicación.

"Otros cirujanos, después del caso de Javier, intentaron reproducir el mismo procedimiento, con reanimaciones prolongadas por encima de los veinte minutos, que es el límite que tiene establecido la OMS, y ningún paciente ha sobrevivido, por lo que yo creo que lo que sucedió ese día fue diferente, muy diferente a cualquier cosa de la que se tenga registro.

"Ese caso me cambió la vida, porque nos dedicamos a estudiar el caso, a ampliar nuestros conocimientos sobre las reanimaciones cardiacas, y me enseñó a no rendirme, a continuar hasta el final por los pacientes, pero también afianzó mi fe en Dios. Repito: aquí hubo factores que no tienen explicación".

VOLVER DE LOS MUERTOS

Las palabras de Javier Vanegas llamaron enormemente la atención del público, que empezó a llamarlo el "Lázaro bogotano", haciendo alusión a uno de los fenómenos más llamativos de todos los tiempos: la resurrección, un concepto ancestral que presupone la posibilidad de que algunos individuos puedan retornar a la vida luego de haber estado muertos.

Aunque al principio nos parezca un concepto banal, la resurrección ha sido fundamental para el desarrollo de las principales religiones del mundo, como propone el antropólogo James Frazer en su libro *La rama dorada.* Allí Frazer asegura que el núcleo de las grandes creencias es la muerte de los dioses y su renacimiento, como sucede con Osiris, del Antiguo Egipto, quien posee la piel del color de un cadáver como muestra de que regresó del mundo de los muertos, o Tammuz, dios de los pastores de Mesopotamia, que fue asesinado por Inanna, la diosa del amor, quien, arrepentida, utilizó sus poderes para revivirlo. En este sentido, la resurrección parece ser una alegoría del renacimiento y un testimonio de la existencia del mundo espiritual.

Este mundo se pone de manifiesto en uno de los libros más antiguos del mundo: la Torá judía, el Pentateuco o Antiguo Testamento, en donde se describen sucesos sobrenaturales que desafían la lógica moderna.

Uno de estos es el descrito en el libro de los Reyes, en el que se cuenta que "Cada año, bandas de guerrilleros moabitas invadían el país. En cierta ocasión, unos israelitas iban a enterrar a un muerto, pero de pronto vieron a esas bandas y echaron el cadáver en la tumba de Eliseo. Cuando el cadáver tocó los huesos de Eliseo, ¡el hombre recobró la vida y se puso de pie!" (13:20-21). Esta es una historia milenaria, con diversos trasfondos, que pretende mostrar la legitimidad de los profetas que representan la voz de Dios, que puede castigar, curar y transformar al mundo mediante el verbo y la palabra sagrada.

También encontramos historias similares en el Nuevo Testamento, en el que Jesús y sus apóstoles reviven a los muertos frente docenas de personas que se transforman en testigos de su advenimiento.

Tal vez la historia más conocida es la de Lázaro de Betania, que le dio a Javier Vanegas su apodo. El cuerpo de Lázaro llevaba cuatro días en su tumba cuando Jesús de Nazaret les pidió a sus familiares que corrieran la piedra que cerraba su sepulcro. Después de esto, gritó: "¡Lázaro, levántate y anda!"[14], y el muerto salió con la cabeza enrollada en un lienzo y los brazos en vendas entre el alboroto de sus familiares.

Asimismo, Marcos narra en su evangelio cómo Cristo se hizo presente en el funeral de una niña de doce años: "Jesús entró a la sinagoga y vio alboroto y gente que lloraba y se lamentaba mucho, y les preguntó: '¿por qué lloran? Su niña no está muerta, se encuentra dormida', y se burlaron de sus palabras. Entonces los echó afuera, menos al padre, a la madre y a los más cercanos a la pequeña, a quienes llevó hasta donde estaba el cuerpo, que tocó con una mano mientras decía: '*Talita cumi*', que traducido es: 'Niña, a ti te digo, levántate'. Y la niña se levantó y caminó, luego de lo cual pidió comida"[15].

14 El milagro de Lázaro es uno de los más importantes y aparece en tres de los cuatro evangelios: Mateo (9:5), Marcos (2:9) y Lucas (5:23).

15 Texto adaptado libremente del evangelio de Marcos (5:21-43), *Biblia Reina Valera Contemporánea*, 2009-2011, Sociedades Bíblicas Unidas.

No obstante, Cristo no fue el único con la capacidad de traer a la vida a los muertos; también los apóstoles poseían el poder de obrar esta clase de milagros. Uno de estos sucesos se describe en el libro *Hechos de los Apóstoles*, en el que se narra la historia de una mujer que sería revivida por san Pedro:

> Había en Jope una mujer creyente llamada Tabita, cuyo nombre significa "Gacela", que se dedicaba a hacer buenas obras y a socorrer a los necesitados. Pero un día cayó enferma y murió. Lavaron su cadáver y lo depositaron en una habitación. Los discípulos de Jope, ciudad próxima a Lida, se enteraron de que Pedro estaba cerca y enviaron a dos hombres con este ruego: "Ven a nuestra ciudad sin pérdida de tiempo".
>
> Pedro partió con ellos enseguida. Al llegar a Jope le hicieron subir a la habitación donde estaba la difunta. Allí se vio rodeado de viudas y dolientes. Pedro hizo salir a todos y, arrodillándose, se puso a orar. Se acercó después al cadáver y dijo: "*¡Tabita, levántate!*".
>
> Entonces, ella abrió los ojos y, al ver a Pedro, se incorporó en el lecho. Él la tomó de la mano y la ayudó a ponerse en pie; llamó a las viudas y a los fieles, y se las presentó con vida. La noticia corrió por toda Jope, y fueron muchos los que creyeron en el Señor. Pedro se quedó una temporada en Jope, en casa de un tal Simón, que era curtidor[16].

Esta sorprendente historia tendría la finalidad de manifestar el poder de Dios y de Cristo en la tierra, como testimonio de fe para los creyentes, que se amplifica de manera exponencial si tenemos en cuenta que la resurrección de Cristo y la creencia en la resurrección de los muertos en el fin de los tiempos son algunos de los ejes principales del cristianismo.

16 *Biblia Reina Valera Contemporánea*, 1960, Hechos de los Apóstoles 9.

El teólogo alemán Hans Küng, asesor del Vaticano durante décadas, escribió el libro *¿Vida eterna?*, en el que analiza las experiencias cercanas a la muerte de pacientes y moribundos. En la página 179 sostiene que la resurrección es un misterio que fortalece la fe de los creyentes: "El verdadero milagro de la resucitación consiste en que Dios tiene la última palabra allí donde desde el punto de vista humano se ha acabado todo".

Lejos de los registros religiosos, existen otros casos de personas que resucitaron debido a milagros médicos, sucesos inexplicables o poco estudiados, y que llegan a nosotros para demostrarnos la vigencia del fenómeno.

RESURRECCIONES MODERNAS

Aunque parece mentira, los casos de resucitación ocurren permanentemente alrededor del mundo, como si quisieran recordarnos la capacidad de resistencia y adaptabilidad del cuerpo humano.

Se han presentado casos sorprendentes, como el sucedido en Guangxi (China) en 2012, cuando Li Xiufeng, una mujer de noventa y cinco años de edad, sufrió un golpe en la cabeza que le causó una gran conmoción y la dejó inconsciente sobre su cama.

Según el *Daily Mail*[17], algunos días después uno de sus vecinos, Chen Qingwang, entró a su casa, extrañado por su ausencia, y halló el cuerpo estirado e inerte: "Por mucho que la empujé y la llamé por su nombre, no reaccionaba", afirmó Chen. "Traté de sentir su respiración y comprobé que ella se había ido, aunque su cuerpo aún no estaba frío", puntualizó.

Así pues, los vecinos se comunicaron con la familia de la mujer y se iniciaron los preparativos para los ritos funerarios, cuya princi-

17 *Daily Mail* (3 de marzo de 2012).

pal costumbre es la de mantener el ataúd dentro de la casa durante varios días para que los familiares puedan estar cerca del cuerpo.

Según registros oficiales, el cadáver fue introducido en el féretro el 19 de febrero de 2012 y colocado en medio de la sala. Pero una semana después, Chen encontró el cajón vacío: "Estaba tan horrorizado, así que les pedí ayuda a los vecinos para buscar el cuerpo".

Los habitantes de la aldea subieron a las montañas y revisaron los lugares aledaños a sus casas, pues estaban seguros de que alguien se había robado el cadáver de la anciana. Después la encontraron sentada en un butaco frente a la estufa de su cocina.

Asustados, los testigos le preguntaron cómo se sentía: "He dormido durante mucho tiempo, tengo mucha hambre y quería cocinar algo para comer", respondió Li Xiufeng.

Según el diario inglés, un médico de la región aseguró que la mujer se había salvado de morir enterrada o cremada "gracias a la tradición local de dejar el ataúd en la casa durante varios días", y que desconocía las razones por las que había caído en estado comatoso.

Esta es una historia anecdótica que dista mucho de la de Javier Vanegas, pero nos lleva a pensar que este tipo de situaciones son comunes en todas las culturas y religiones, que plantean diferentes explicaciones para este tipo de fenómenos.

Otro caso es el de Zack Dunlap, un joven norteamericano de veintiún años que fue noticia en 2007, cuando sufrió un grave accidente en una cuatrimoto que, según los médicos, lo había dejado con muerte cerebral. Fue trasladado a una sala de operaciones con el fin de extirparle los órganos para dárselos a otros pacientes.

El cirujano encargado de la disección revisó los signos vitales: "El paciente está muerto", afirmó sosteniendo un bisturí en la mano. "Iniciemos el procedimiento", ordenó. Sin embargo,

Dunlap asegura que se encontraba consciente, a pesar de que los monitores no mostraban actividad en su cerebro: "Lo escuché desde algún lugar y me volví loco por dentro", comentó al canal NBC, que lo entrevistó en marzo de 2008[18].

Mientras el equipo médico se preparaba para la intervención, entró al quirófano Dan Coffin, un primo de Zack que era enfermero, sacó una navaja de su maletín y se la pasó a Zack por las manos, provocando que este se sacudiera y se cruzara de brazos.

Ante la contundencia del reflejo, los galenos lo trasladaron con urgencia a una unidad de cuidados intensivos, en donde le instalaron un respirador y le aplicaron diversas medicinas que le salvaron la vida.

Dos días después, Zack recobró la conciencia: "Observó al rededor y me dijo: 'Te amo'", afirmó Pamela Dunlap, madre del joven. "Creo que Dios tiene un gran plan para Zack", aseguró después la mujer. Igualmente, Naomi Blackford, la abuela del resucitado, aseveró: "Es un milagro. Era demasiado joven para que Dios se lo llevara. No era su momento".

La de Zack es una historia sorprendente que nos permite especular que malos diagnósticos o errores médicos pueden generar este tipo de situaciones, aunque los doctores que atendieron a Dunlap aseguraron en varias oportunidades que habían cumplido todos los protocolos.

Sin embargo, estos casos no son una anomalía, sino una constante que se repite cada año, y también han sucedido en Colombia, en donde la fe se mezcla con la magia y los anhelos de inmortalidad nos llevan a situaciones insospechadas que nos abren las puertas del misterio.

18 Morales (23 de marzo de 2008).

RESURRECCIONES COLOMBIANAS

A pesar de no ser tan espectaculares como la resurrección de Javier Vanegas, existen otras sucedidas en Colombia que han llamado la atención del público. Se trata de casos sorprendentes que se deslizan entre el pensamiento mágico y la idiosincrasia de nuestros pueblos; sucesos que son materia de debate y orgullo para los habitantes de municipios olvidados, en los que se narran leyendas bajo los contornos de selvas y cordilleras.

Una de estas historias es la de Jorge Eliécer Julio Ramírez, quien habría resucitado en la población de Pelaya (Cesar) en el 2015. Este hecho llamó la atención de las fuerzas de seguridad del Estado y de los principales medios de comunicación, que enviaron a sus corresponsales a la zona. Entre estos periodistas estaba Daniel Rivera, de la revista *SoHo*, quien atravesó el país para desentrañar la madeja de los hechos acaecidos en una fabulosa crónica, de la que presentamos algunos fragmentos para reconstruir la historia[19].

Rivera cuenta que Jorge Eliécer Julio murió el 22 de septiembre en la Clínica Estríos, de Cartagena, a los 52 años. Tenía el pecho inflado y amoratado. Según el dictamen médico, había sido un infarto. Durante la velación, la hermana del fallecido, Riquilia Julio, "sintió un arrebato en el corazón y quiso leerle la Biblia, exactamente el capítulo seis de los Salmos, el mismo que le había revelado el Señor a Jorge Eliécer en la cárcel [...]. Algunos familiares guardan en sus celulares videos en los que se ve a Riquilia arrimándose a la cara de su hermano, aún en el ataúd, mientras le habla como si estuviera vivo. Alrededor, se escuchan oraciones".

De repente, todos los presentes coincidieron en lo que vieron:

> Jorge Eliécer abrió los ojos por unos segundos y los volvió a cerrar. Para unos fue un momento de júbilo; para otros, de espanto.

19 Rivera (2015).

No faltaron los que salieron corriendo, pero la mayoría aplaudió. Sacaron a Jorge Eliécer del cajón y lo sentaron en una mecedora. "Inmediatamente le empezó un abrigo. Ya no estaba frío y se puso como aguado, ya no estaba tieso. Eso fue una cosa grande y poderosa la que hizo Dios, porque él verdaderamente resucitó", recuerda Riquilia, quien hace unos minutos estaba furiosa porque, según ella, los pocos medios que cubrieron la noticia hicieron de tal proeza un chiste, solo se rieron del milagro.

Álvaro Javier Sánchez trabaja en una panadería de Pelaya y le relató a Rivera: "Yo fui hasta Cartagena con mi tío Nulfarid, que es cuñado de Jorge Eliécer, para traerlo. Todo estaba normal, él venía en el carro fúnebre y aquí llegó como muerto, pero dicen que resucitó: abrió los ojos, lloró y respiró. La lógica es que era un milagro de Dios, pero de todas maneras lo enterraron así. Yo no sé si creer o no".

El periodista también habló con John Léider Moreira, el médico que revisó el cuerpo de Jorge Eliécer, que reiteró que no había milagro alguno, que estaba muerto: "Yo, la verdad, no vi nada. El hombre tenía todos los fenómenos de varios días de muerto. Cuando yo llegué ahí estaban orando y como que no les gustó mucho. Les di el concepto médico. Ya tenía rigidez, estaba hinchado. Todos los fenómenos cadavéricos. Eso sí, fétido no estaba y para tener dos días no estaba tan rígido, pero todo depende de cómo esté preparado".

Pero pasaron dos días y Jorge Eliécer no reaccionaba del todo, aunque tenía un pulso leve y estaba respirando. Sus familiares, cansados de esperar, pidieron una señal divina. Su hermana Inés le dijo a Rivera: "Vimos aquí una lucecita como azul. Estábamos ahí paraditos y nos cubrió una luz hermosa, preciosa. De repente miramos al cielo y vimos tres soles, ahí supimos que mi hermano se iba a morir ahora sí, que esa era la gloria de Dios, que se lo llevaba".

Su hermano Juan de Dios relató que, mientras sostenía sus manos, sintió un apretón y supo que era su despedida, que había muerto.

Esta es la conclusión de Rivera sobre este misterioso caso:

> En la familia de Jorge Eliécer se preguntan por qué no terminó de resucitar, por qué no acumuló fuerzas y se paró. Les echan la culpa a los cinco potes de formol, o cuatro, nadie sabe bien cuántos terminaron en el cuerpo. Y por las calles de Pelaya hay quienes juran que Jorge Eliécer está por ahí, haciéndose su fiesta, fugado de la justicia. Pero la tumba —en medio de ese cementerio arrasado al que solo le faltan animales carroñeros— dice que ese hombre amoratado no venció la tercera muerte.

Sin duda es una historia sorprendente que conjuga las creencias locales con extraños acontecimientos como la aparición de tres soles, que resultan inquietantes y que demuestran la vigencia del concepto de la resurrección.

LA CIENCIA DE LA RESURRECCIÓN

Tal vez los mismos anhelos de los habitantes de Pelaya residen en la mente de científicos como Samuel Tisherman, de la Universidad de Maryland, College Park, quien ha gastado gran parte de su tiempo en crear técnicas de "animación suspendida", con las que espera salvar a pacientes aquejados por traumas complejos.

Su método consiste en drenar toda la sangre de los pacientes y congelarlos a 20 °C menos que la temperatura normal corporal, para operar los órganos y reconstruir los cuerpos con mayor tranquilidad y después "revivirlos".

Esta técnica ya ha sido puesta a prueba en animales, que no sufrieron mayores efectos secundarios al despertar. "Por un rato están un poco confundidos, pero vuelven a la normalidad al cabo de un día", comentó Tisherman a la BBC en 2014.

Sin duda es una técnica de resucitación que, de funcionar entre humanos, representaría un gran avance para la medicina, pues nos daría la posibilidad de salvar a muchas personas en la actualidad.

Este método basado en el frío nos recuerda el caso de Audrey Mash, una montañista británica que sufrió un paro cardiorrespiratorio entre la nieve en los Pirineos en 2019. Fue rescatada y conducida al hospital Valle de Hebrón de Barcelona, en donde reanimaron su corazón luego de seis horas. Se piensa que el frío habría ayudado a que Mash se recuperara: "fue una condición que estuvo a punto de causarle la muerte, pero a la vez también la salvó, porque su organismo, sobre todo su cerebro, no se deterioró", le explicó el doctor Eduard Argudo al diario *El Mundo*[20].

La de Mash fue una situación extrema, si tenemos en cuenta que la hipotermia severa es diagnosticada cuando el cuerpo se encuentra por debajo de los treinta grados, y la temperatura de ella estaba en dieciocho grados. "Esto significa el grado extremo de hipotermia: estaba inconsciente, no respiraba y no tenía pulso, lo que conocemos como muerte aparente", señaló Chus Cabañas, director médico de la zona.

Al final, los médicos lograron reanimarla y darla de alta luego treinta y dos días, sin que sufriera ningún daño cerebral. Fue lo que muchos consideran un milagro médico, similar al del "Lázaro de Corabastos", aunque en este caso no se dieron visiones ni experiencias espirituales.

Estas circunstancias caracterizan el caso de Javier Vanegas, quien, a diferencia de los otros que hemos revisado, asegura haber conocido el paraíso y el infierno, visto a personas fallecidas y en-

20 Mixoy (5 de diciembre de 2019).

trado en contacto con una entidad divina que lo guiaba por este espacio, un "mesías" que lo habría alejado de la muerte, retornándolo a la sala de cirugía y a la vida; una vida lejana del gozo eterno, que estaba marcada por la droga, la enfermedad y la violencia.

DEL CIELO AL INFIERNO

Cuando Javier salió del hospital fue el centro de atracción de noticieros y periódicos, que con el tiempo se olvidaron de él; surgieron nuevos titulares, nuevas historias, y el resucitado regresó a las calles, al anonimato y al bazuco.

En agosto de 2020 decidí seguir su rastro hasta la puerta seis de Corabastos y al barrio María Paz, que lucía arrasado por la pandemia del COVID-19.

Los recicladores y los habitantes de calle se movían sigilosos entre las ollas que se ubicaban cerca de las bodegas de reciclaje, en cuyo interior podían verse grandes fardos repletos de metal y plásticos, mientras algunos funcionarios de la Secretaría de Salud caminaban de lado a lado con formularios y carpetas en las manos.

Les pregunté a dos o tres personas por "Lázaro", pero ninguno parecía conocerlo ni querían responder a mis preguntas; pasé frente al lugar en donde recibió la puñalada y me dispuse a tomar un taxi.

—¿Usted es el que está preguntando por Vanegas? —me dijo un hombre gordo con el rostro cubierto por un tapabocas.

—Sí, señor. Es para un asunto periodístico —le contesté.

El hombre frunció el ceño, me miró a los ojos, y me dijo:

—Hace rato que no se le ve por acá. Unos dicen que se rehabilitó y está juicioso; otros, que lo mataron, y otros, que volvió a la calle y se la pasa por el centro. ¡Ojalá esté juicioso! Porque si volvió a la calle debe estar fregado, pues la calle es el verdadero infierno.

BIBLIOGRAFÍA

Artículos

Mixoy, Antoni, "Una mujer 'resucita' tras permanecer más de seis horas en parada cardíaca", *El Mundo* de España, 5 de diciembre de 2019. Disponible en: https://www.elmundo.es/ciencia-y-salud/salud/2019/12/05/5de8febbfc6c8323248b4659.html

Morales, Natalie, "'Dead' man recovering after ATV accident", *NBC News*, Transcript, 23 de marzo de 2008. Disponible en: http://www.nbcnews.com/id/23768436/ns/dateline_nbc-newsmakers/t/dead-man-recovering-after-atv-accident/

Parsons, Chris, "Chinese woman, 95, comes back to life by climbing out her coffin six days after she 'died'", *Daily Mail*, 3 de marzo de 2012. Disponible en: https://www.dailymail.co.uk/news/article-2109719/Chinese-woman-95-comes-life-climbing-coffin-days-died.html

Redacción *HSB Noticias*, "Hombre revivió como Lázaro en tiempos bíblicos", 24 de octubre de 2013.

Redacción *Semana*, "Este el hombre que resucitó en el hospital de Kennedy", revista *Semana*, 25 de octubre de 2013. Disponible en: https://www.semana.com/nacion/articulo/javier-vanegas-hombre-que-resucito-foto/362214-3

Rivera, Daniel, "La historia del muerto que resucitó en la costa", revista *SoHo*, 2015. Disponible en: https://www.soho.co/historias/articulo/noticias-absurdas-en-colombia-el-muerto-que-resucito/41500

Robson David, "Cómo traer los muertos a la vida", *BBC Mundo*, 11 de julio de 2014. Disponible en: https://www.bbc.com/mundo/noticias/2014/07/140711_vert_fut_salud_reanimacion_muerto_gtg

Audio

Nota importante: el testimonio de Javier Vanegas es una transcripción y adaptación de la entrevista que concedió el 19 noviembre de 2013 a la emisora La Cariñosa de RCN Radio, titulada "El Lázaro de Corabastos", en la cual habló de su experiencia en el más allá. La entrevista estuvo a cargo de Francisco Romero "Pacho Alerta", director del noticiero *Alerta Bogotá*. Para el equipo de la emisora todos los créditos.

Entrevista

Entrevista al doctor Miguel Ramírez, septiembre de 2020.

Libros

Biblia de Jerusalén, 5ª edición, Bilbao: Desclee de Brouwer, 2018.

Biblia Reina Valera Contemporánea, 2009-2011, Sociedades Bíblicas Unidas. Disponible en: https://www.biblegateway.com/passage/?search=Marcos+5%3A21-43%2CLucas+8%3A40-56&version=RVC

Küng, Hans, *¿Vida eterna?*, Madrid: Editorial Trotta, España, 2011.

Frazer, James George, *La rama dorada: magia y religión*, nueva edición a partir de la versión original en 12 vols., México: Fondo de Cultura Económica, 2011.

Material audiovisual

Reportaje programa *Cuatro caminos*, "Segunda oportunidad", octubre de 2017.

3

ERNESTO SAMPER:

VISITANTES DEL MÁS ALLÁ

Miércoles 6 de diciembre de 1989, Bogotá, Colombia

El resplandor azuloso de la madrugada atravesaba las cortinas de la cocina, mientras la voz de Juan Gossaín emergía del radio que descansaba sobre la nevera, desde donde comentaba los problemas de indisciplina de Albeiro "el Palomo" Usuriaga, quien anotó el gol con el que Colombia venció a Israel para clasificar al Mundial de Italia 90.

Me remangué la piyama frente a la mesa del comedor, sobre la que había un pocillo con aguapanela; en su interior flotaba una avispa, que parecía una criatura extraterrestre. Empecé a pensar en cómo sacarla, cuando sentí un garrotazo en la espalda que me hizo soltar la taza, que se estrelló contra el suelo, mientras las ventanas retumbaban como si les estuvieran arrojando piedras.

—¿Qué fue eso? —preguntó mi mamá.

—¡Una bomba! Seguro que fue una bomba —respondió mi papá.

Nos quedamos en silencio hasta que Gossaín anunció que habían puesto un carro bomba en el sector de Paloquemao, frente al edificio en el que funcionaba la dirección del Departamento Administrativo de Seguridad (DAS).

—Seguro fueron los extraditables —dijo mi padre.

—En este país nunca se sabe —contestó mi madre.

Recogí la avispa con los dedos y la dejé sobre un plato. "Julio Enrique Castro Socha, Mery Edith Monroy Benítez, Beatriz Aminia Cuervo Álvarez, Germán Narváez Urbano", recitaba una voz con desespero en el radio. "Julio Enrique Castro Socha... Mery Edith Monroy Benítez...; creemos que hay más víctimas, la totalidad del edificio quedó destruido", concluyó.

Al día siguiente, mi papá compró una cinta plástica y la extendió en forma de equis sobre los vidrios, por si volvían a poner una bomba. Esta táctica nos ahorró arañazos y cortaduras un mes después, cuando un petardo estalló a media cuadra de nuestra casa, donde vivía un juez que fue rescatado por una ambulancia que tuvo que atravesar un tapete de esquirlas y cristales rotos.

Un par de minutos después de la explosión, un tío entró a la casa, con la mirada perdida y el rostro desencajado: "Estaba por la avenida cuando reventó esa cosa y una vitrina se me cayó encima", afirmó con la voz entrecortada.

Me quedé observándolo y un sentimiento desconocido se extendió por mi cuerpo, causándome escalofríos. Se trataba de un vértigo intenso, como si me internara en un pozo sin fondo.

Febrero de 1998, Usme, Bogotá, Colombia

Hacía frío, el viento arreciaba y un aroma a chamuscado envolvía la ciudad mientras subía al platón de una camioneta de la Policía Nacional, en donde estaban amontonados los demás muchachos que prestaban servicio militar. Me senté en un rincón, me ajusté la riata y me amarré las botas.

El conductor encendió el motor, haciendo vibrar el suelo de metal sobre el que caminaba un teniente que nos dijo que nos preparáramos porque había un incendio de grandes proporciones en las montañas de Usme.

El vehículo tomó la avenida Caracas, que terminaba en una carretera angosta y repleta de baches desde donde se alcanzaba a ver la cárcel La Picota, de cuyos techos escurrían centenares de cobijas grises y harapientas.

Al llegar a la base del cerro, nos entregaron unos pañuelos mojados y algunos machetes; la idea era que fuéramos retirando los arbustos secos para crear un cortafuegos mientras los bomberos enfrentaban las llamas unos metros más arriba.

Remonté la colina, abriéndome camino entre la maleza, y empecé a trozar los arbustos. De repente sentí una especie de desgarre: el mango del machete se había caído y me había cortado la mano. Como debía continuar con mi labor, tomé un pañuelo, me lo envolví alrededor de los dedos y continué desbastando el monte, hasta que algo extraño sucedió.

El viento cambio de posición y una densa humareda se nos vino encima; el bosque quedó sumergido en una profunda oscuridad. Los ojos empezaron a arderme. Me agaché para poder respirar cuando una masa deforme rasgó las cenizas y me golpeó en la mejilla, lanzándome al piso, en donde me di cuenta de que se trataba de una roca que se había desprendido por la acción de las llamas.

Bajé la colina con la mano ensangrentada hasta que encontré la piedra, que era de gran tamaño. "Un par de milímetros más y estaría muerto", pensé, y experimenté el mismo sentimiento que había tenido al observar el rostro de mi tío nueve años atrás. Fue entonces cuando me di cuenta de que aquel pozo sin fondo era el abismo de la muerte.

Septiembre de 2019, Bogotá, Colombia

Sentí que algo raro iba a suceder cuando entré a la tienda de la esquina y me encontré con José Antequera, el hijo del senador de la Unión Patriótica que fue asesinado en 1989 mientras saludaba a Ernesto Samper en el aeropuerto El Dorado de Bogotá. Cruzamos un par de palabras, pues poseíamos amistades en común, y me llegó un mensaje del productor de Redmas Televisión al celular, en el que me confirmaba que entrevistaríamos al expresidente una semana después.

El día de la entrevista salí de mi casa y me puse en marcha. Descendí las escaleras del parque de la Independencia hasta llegar a la carrera Séptima. A la altura del edificio Tequendama me encontré con Yoana Arenas, la realizadora del programa, que estaba acompañada de un camarógrafo. Entramos, nos acreditamos en la recepción y subimos en el ascensor hasta el piso treinta y cuatro, en donde nos esperaba una mujer de aspecto maternal que nos llevó hasta una sala tapizada con listones de madera, en donde instalamos nuestros equipos.

—Acomódense, que ya viene el presidente —nos dijo sonriente.

Sobre las paredes sobresalían algunos retablos con fotografías que mostraban a Samper acompañado de políticos y artistas, que parecían observarnos desde un pasado perdido y distante.

El expresidente entró en la habitación y se sentó en un sillón que estaba de espaldas a la ciudad, que se extendía como una maqueta poblada de seres diminutos que se movían como si fuesen hormigas. El camarógrafo instaló los micrófonos y encendió las luces, que alumbraron nuestros rostros.

—¿Puedo preguntarle sobre el atentado del aeropuerto El Dorado? —le consulté.

—Pregúnteme lo que quiera, señor periodista —respondió.

Fue entonces cuando volví a experimentar aquella sensación que me persigue desde las explosiones y los incendios. Cerré los ojos, observé aquel pozo sin fondo y lancé la primera pregunta.

ERNESTO SAMPER PIZANO

¿Cómo comenzó su experiencia cercana a la muerte?
Eso fue a raíz del atentado que me hicieron el 3 de marzo de 1989 en el aeropuerto El Dorado de Bogotá, cuando estaba a punto de abordar un vuelo con destino a la ciudad de Cúcuta, en donde el senador Jorge Cristo Sahium me había concertado varias citas con miras a mi candidatura presidencial de 1990.

¿Qué fue lo que sucedió?
Estando en la zona del *counter* me encontré con José Antequera, quien era el líder de las juventudes comunistas; intercambiamos algunas palabras y sonaron unas explosiones.

¿El atentado era para usted?
No, el atentado era para él.

¿Qué pasó después?
Me desperté boca abajo, apareció un escolta con un arma de fuego y mató al sicario. Me di vuelta y observé que Antequera estaba boca arriba y tenía los labios manchados de sangre. Sentí las manos de mi esposa, que me agarraban y me jalaban, mientras yo empujaba el suelo con las piernas para ayudarle.

Me imagino que fueron momentos de gran confusión. ¿Cómo lograron salir del aeropuerto?
Entre mi esposa y un escolta me llevaron a las salas de equipaje y me montaron a una banda transportadora, por la que salimos hasta donde se parquean los aviones. Allí había una camioneta de Satena que tomamos prestada. A los pocos segundos, descubrimos que alguien había dejado un campero del Correo Aéreo a la salida de la pista, por lo que tuvimos que detenernos.

Una situación anormal en un momento crítico. ¿Qué hicieron?
Nos quedamos parqueados unos segundos, y entonces Jacquin y los escoltas se bajaron para empujarlo, pero tenía el freno puesto. Cuando empezó a moverse apareció el conductor, lo encendió y nos dio paso.

¿Una vez en la camioneta a dónde fueron?
Salimos por una de las puertas de acceso lateral del aeropuerto y tomamos la calle 26 hasta la clínica de la Caja Nacional de Previsión, a la que llegamos en menos de veinte minutos. Apenas entramos nos recibió un médico muy joven. "No me deje morir", le dije. Me revisaron y descubrieron que me habían metido trece tiros, la mayoría en la zona abdominal, de los cuales todavía me quedan cuatro dentro del cuerpo.

¿Qué pasó en la clínica?
Me llevaron al quirófano, en donde me operaron durante nueve horas. A partir de entonces empecé a vivir unos días muy difíciles, porque no encontraban los antibióticos para tratarme y me dio una septicemia, o sea una infección generalizada, que empezó a comprometer los órganos vitales, produjo una falla multisistémica, y comencé a vivir sensaciones extrañas.

¿Qué tipo de sensaciones?
Comencé a morirme y a percibir mi cuerpo desde una esquina de la habitación mediante una especie de desdoblamiento. Notaba cómo las enfermeras y los médicos de cuidados intensivos intentaban salvarme la vida.

Muchas personas que han vivido este tipo de experiencias afirman transportarse a otro lugar, como si viajaran a otra realidad.
Todo se veía verde, como si hubiese una marquesina arriba de mí. Todo estaba lleno de aire puro. Escuchaba música clásica, música de Mozart, y luego me vi envuelto en una especie de rayo de luz desde el que observaba cada instante de mi vida.

¿Era un túnel?
No. Era un haz de luz desde el que podía ver los momentos más significativos de mi vida: mi primera comunión, la muerte de mi abuelo, a quien quise mucho, el nacimiento de mis hijos. Era como una película que pasaba rápidamente.

Luego del desdoblamiento y de observar su vida, ¿experimentó otro tipo de sensaciones?
Luego de cierto tiempo comencé a tener cierto tipo de visiones. Una noche vi a mi abuelo y a mi papá en una colina y le escribí en un papel a mi mujer, porque estaba entubado, que me estaban llamando los muertos. Entonces, ella me dijo: "Espérate, Ernesto, no te puedes ir con ellos, tienes muchas cosas por hacer aquí".

¿Esa visión tiene relación con alguna experiencia del pasado?
Años atrás, cuando mi papá estaba vivo, me había contado que la noche anterior a que se muriera mi abuelo lo había visto en la cima de un monte, al pie de un valle profundo, llamándolo, que era lo mismo que yo estaba experimentando.

Muchas personas que han estado cerca de morir afirman que un mensaje, o una persona, los hace retornar a la vida. ¿A usted le pasó algo similar?
Por esos días llegó mi hijo mayor que estaba fuera del país, se me acercó a la cama, me tomó la mano muy fuerte, con mucha fuerza, y me dijo: "Tranquilo, papá, que de esta vamos a salir". En seguida sentí como si hubiera tirado un ancla y regresé.

¿Qué otra cosa extraña recuerda?
Cuando estaba en ese estado, sentía que sonaban campanitas. Entonces pensé: "estoy en el cielo", pero me di cuenta de que las enfermeras de la clínica me habían puesto medallitas del Divino Niño amarradas a la cama para que me recuperara pronto.

Algunas personas aseguran haber sentido sensaciones desagradables al estar cerca de la muerte.
No, en realidad era una sensación plácida, de liberación, desprendimiento y reconciliación con uno mismo.

¿Qué pensaba su familia de todas estas situaciones?
Durante los primeros días tuvieron que tomar decisiones muy difíciles, como la de dejarme internado en la Caja Nacional de Previsión, cuando tenían la opción de llevarme a Estados Unidos, o trasladarme a una prestigiosa clínica del norte de Bogotá; pero tomaron la decisión de no moverme, que fue la mejor decisión posible.

Después de lo sucedido, ¿ha vivido otras experiencias cercanas a la muerte?
Algunos meses después de que me dieran de alta, tuve que regresar a Bogotá desde Bucaramanga a bordo de una pequeña avioneta. Mi hermano menor, José Gabriel, había sufrido un accidente que lo había dejado inconsciente. Lo hospitalizaron en la clínica de

la Caja Nacional de Previsión, en el mismo cuarto y en la misma cama en donde yo me había salvado.

Cuando llegué me le acerqué y le hablé por horas. Yo pienso que me escuchó y se marchó tranquilo, de la misma manera en que yo estuve a punto de marcharme de esta tierra.

Muchas personas consideran que superar estas experiencias les ha servido para tomar mejores decisiones.

Cuando uno ha estado en un estado tan fuerte, los episodios de la vida que uno considera dramáticos los ve en otra dimensión; eso me ayudó a manejar situaciones de crisis durante la presidencia con mayor tranquilidad. Uno empieza a valorar la vida por encima de todas las cosas.

¿Le tiene miedo a la muerte?

A lo que le tengo miedo es a un envejecimiento doloroso o alejado de la familia, pero no a la muerte. La muerte es un cambio de estado: hoy estoy vivo y mañana no. Entender eso le puede ayudar a las personas a perderle el miedo a la muerte.

VISITANTES DEL MÁS ALLÁ

Aunque nos parezcan extraños, los acontecimientos relatados por Ernesto Samper son una constante en la historia de la humanidad, en la que se registran miles de testimonios de personas que aseguran haber dialogado con amigos o familiares fallecidos.

Estos registros aparecen retratados en antiguos mitos y leyendas de la época clásica, como los que describe Marco Tulio Cicerón, filósofo y político romano, en su obra *De divinatione (On Divination)*, en la que narra cómo una persona moribunda se comunica con otra a través de sueños:

> Una vez, dos jóvenes de Arcadia que eran amigos inseparables viajaron a la ciudad de Mégara; al llegar, uno se dirigió a una posada, y el otro, a la casa de un conocido. Luego de la cena, el que se alojaba en una casa observó a su amigo entre sueños pidiéndole que lo ayudara "porque el posadero quería matarlo". El hombre se levantó aterrado y volvió a acostarse. Entonces le pareció, mientras dormía, que la misma persona le rogaba que no dejara su muerte impune; pues el posadero lo había matado y había arrojado su cuerpo sobre una carreta, echándole tierra encima, por lo que le pedía que no dejara que la carreta saliera de la ciudad. Fuertemente conmovido por el sueño, el hombre fue hasta el lugar y encontró a un carretero que, al verlo, huyó y abandonó el cadáver. Una vez revelado el asunto, se castigó al posadero[21].

Esta historia nos muestra un aspecto interesante de las creencias ancestrales sobre el más allá, que les confiere a los moribundos la posibilidad de comunicarse con los vivos cuando se encuentran en la frontera entre la vida y la muerte.

Relatos similares atraviesan la Edad Media hasta el siglo XIX, y se convierten en objeto de estudio de docenas de investigadores como sir William Barrett, un profesor de Física del Colegio Real de Ciencia de Dublín, quien, en 1926, publicó un libro titulado *Visiones en el momento de la muerte*, que recoge una veintena de casos sorprendentes.

En su investigación, el profesor Barrett buscó testimonios de personas que se mostraban escépticas con respecto a la vida después de la muerte, con la finalidad de estudiar con mayor objetividad el fenómeno. Asimismo, pudo establecer que muchas de estas visiones sucedían durante los momentos más críticos de los pacientes, quienes aseguraron que entablaron diálogos con seres

21 Texto adaptado por el autor a partir de la traducción de David Wardle (2006, 1, 27).

que identificaron como difuntos y que resultaban invisibles para las personas que se encontraban a su alrededor, como se evidencia en este caso publicado a finales del siglo XIX en Inglaterra:

> En el verano de 1883, un joven llamado Giles, de Nottingham, tuvo la desgracia de perder a varios hijos, tras largos y penosos períodos de enfermedad. Hacía algunas semanas que los dos mayores, Fred y Annie, de siete y ocho años de edad, respectivamente, habían fallecido y sido enterrados, cuando su hijo menor mostró síntomas de aproximarse a la muerte. El padre y la madre permanecieron constantemente a su lado, como se comprenderá fácilmente, para mitigar en lo posible los sufrimientos del pequeño.
>
> La noche que murió, el padre se acercó a su cabecera con la medicina acostumbrada, cuando el niño, sentándose rígidamente en la cama, exclamó: "Ahí están Fred y Annie". "¿Dónde, hijo mío?", preguntó el padre. "¿No los ve usted ahí... ahí?", dijo el niño señalando a la pared. "Están aguardando a que me vaya con ellos", y un minuto después el pequeño paciente se desplomó muerto en la almohada. Debe hacerse constar que el padre no vio en absoluto la aparición que señalaba su hijo moribundo[22].

Estas visiones resultan similares a las descritas por Samper, quien asegura haber tenido contacto con su abuelo y su padre, quienes lo llamaban desde lo alto de una colina separada por un abismo.

De igual forma, se dice que estos seres a veces se presentan para entregar mensajes anticipatorios ligados a la muerte, como sucedió en este caso, en el que una joven madre perdió a varios de sus hijos:

> Si alguna vez hubiera yo dudado de que hay otra vida, mi duda hubiera sido desvanecida por esto que yo llamo una visión. En 1883

22 Barrett (1926, pp. 18-19).

era yo madre de dos niños fuertes y sanos. El mayor era un niño brillante de dos años y siete meses de edad. El otro era un infante de ocho meses. El 6 de agosto de 1883 murió el pequeño. Ray, mi otro hijito, se encontraba entonces en perfecto estado de salud. Todos los días que siguieron a la muerte del pequeño (y no me equivocaría si dijera que a todas horas), Ray solía decirme: "Mamá, el bebé llama a Ray". A menudo abandonaba sus juegos y corría hacia mí diciendo: "Mamá, el bebé no hace más que llamar a Ray". Todas las noches solía interrumpir mi sueño diciendo: "Mamá, el bebé no hace más que llamar a Ray. Quiere que Ray vaya adonde está él. No debes llorar cuando Ray se vaya, mamá. No debes llorar, pues el bebé necesita a Ray".

Un día estaba yo barriendo el suelo de la sala y él vino corriendo a través del comedor, en donde se encontraba la mesa y la silla del pequeño fallecido (que ahora era utilizada por Ray). Se aferró a mi vestido y tiró de mí hacia la puerta del comedor, la cual abrió diciendo: "Mamá, mamá, ven pronto. El bebé está sentado en su silla". En cuanto abrió la puerta y miró a la silla, dijo: "¡Oh, mamá! ¿Por qué no te has dado prisa? Ahora se ha ido". Cuando Ray pasó junto a la silla se echó a reír. ¡Oh, cómo se rio! "Ray va a irse con el bebé, pero no tienes que llorar, mamá".

Ray se puso pronto muy enfermo. De nada sirvieron cuidados y medicinas. Murió el 13 de octubre de 1883, dos meses y siete días después de mi otro hijo. Era un niño de gran inteligencia y mucho más desarrollado de lo que correspondía a sus años. Que sea o no posible que vuelvan los muertos, y que mi bebé volviera y fuese visto por su hermanito, es cosa que dejo al juicio de los demás[23].

Esta es una historia con un toque de terror que confirma las especulaciones que dicen que los niños tienen la capacidad de en-

23 Adaptación del autor de algunas palabras y varios modismos del español antiguo. Barrett (1926, pp. 21-22).

trar en contacto con espíritus y fantasmas con mayor facilidad que los adultos. Barrett estaba de acuerdo con estas posturas, pues era practicante y defensor del espiritismo, que estuvo de moda a finales del siglo XIX en la mayoría de países del hemisferio occidental.

El espiritismo fue una corriente de pensamiento originada en Francia a mediados del siglo XIX, bajo la influencia del filósofo francés Allan Kardec, quien creía en la existencia del alma. Así pues, sostenía que los espíritus de los fallecidos podrían ser contactados mediante diversos procedimientos, como la ejecución de sesiones en compañía de médiums, que eran capaces de canalizar a los espíritus, que podrían entregar información secreta sobre personas, confabulaciones o hechos próximos a suceder.

No obstante, el espiritismo fue cuestionado durante el siglo XX por científicos y personas ligadas al ilusionismo como Harry Houdini o James Randi, quienes denunciaron fraudes y engaños por parte de algunos de sus practicantes, lo que afectó su imagen y favoreció el establecimiento de una visión materialista de la realidad, fundamentada en hechos y realidades tangibles, a lo largo del mundo occidental.

INVITADOS DE OTRA REALIDAD

Aunque las creencias espiritistas del siglo XIX se han desvanecido con el tiempo, los testimonios de encuentros de fallecidos con moribundos siguen produciéndose. Científicos norteamericanos como Angela M. Ethier los han denominado "*Death-Related Sensory Experience*" (DRSE, experiencias sensoriales relacionadas con la muerte), por lo que algunos investigadores creen que hacen parte de un fenómeno más complejo, que no implica necesariamente la existencia de la vida después de la muerte, y que constituye un misterio.

Este misterio ha sido encarado por Kerry Egan, graduada de la Escuela de Teología de la Universidad de Harvard, que trabaja como capellán en un hogar de ancianos, en donde ha experimentado la muerte de varios de sus internos.

Muchas de estas muertes estuvieron marcadas por extrañas manifestaciones, recogidas en su libro *On Living*, en el que relata cómo sus pacientes agonizantes suelen recibir la visita de personas que resultan invisibles para los ojos de los médicos. Son encuentros que distan de ser aterradores; al contrario, son percibidos como sanadores y reconfortantes, y suelen estar acompañados de mensajes en los que les solicitan a los moribundos alejarse del mundo material y del sufrimiento.

"Cualquier persona que trabaje en un asilo de ancianos, cualquiera, te dirá que es muy habitual que la gente que muere vea a sus madres. No es un paso necesario, no todo el mundo lo experimenta, pero ocurre muy a menudo... Llegan a sus habitaciones, les saludan, a veces les hablan, y es algo que realmente les conforta", comentó Egan en una entrevista con el portal NPR en 2016.

Igualmente, la investigadora asegura que las visiones aumentan cuando las personas entran en estado crítico, en el que manifiestan sostener largas conversaciones con varios tipos de presencias. "¿Es real? ¿No es real? He llegado a un punto en el que no lo sé y me parece bien. Creo que hay muchas cosas en la vida que puedes experimentar y que no, que podemos entender qué significan y qué no, y que en algún momento debes sentirte bien diciendo 'no sé lo que significa, pero es parte de mi experiencia y tengo que aceptarlo'", puntualizó Egan en la entrevista.

Lejos de las habitaciones y los pasillos de los hogares geriátricos, el fenómeno también ha sido experimentado por médicos y académicos. Es el caso del doctor Rajiv Parti, quien trabajaba como jefe de anestesiología del Hospital Bakersfield Heart de California, donde gozaba de un gran prestigio hasta que vivió una experiencia cercana a la muerte que transformó su carrera.

En el 2008 Parti fue diagnosticado con cáncer de próstata y tuvo que someterse a largos tratamientos y cirugías que lo volvieron adicto a los analgésicos. Esto le causó una gran depresión que afectó su sistema inmunológico, que no pudo defenderlo de una fuerte infección que lo atacó en 2010 y lo llevó a estar clínicamente muerto por algunos minutos.

Inmerso en ese estado, Rajiv asegura haberse visto rodeado por un mundo luminoso en el que entró en contacto con sus antepasados, según anota el periodista Héctor Fuentes, de la *Guioteca*: "Entonces apareció mi padre, que ya había fallecido, y me condujo a una especie de túnel. Al cruzar el túnel, brillaba luz de mil soles que no lastimaban los ojos. Entendí que era una luz buena, divina, que era puro amor, y que se me estaba dando una segunda oportunidad para regresar y cambiar mi vida completamente".

Luego de recuperarse escribió un libro titulado *Dying to Wake up* (Muriendo para despertar), en el que cuenta cómo cambió su vida:

> A partir de entonces todo se transformó. Cuando un amigo cirujano plástico vino a visitarme y me felicitó por mi casa, se la vendí y compré su casa, que era más humilde y pequeña. Cambié mi Mercedes y mi Hummer por un Toyota Camry. También, lo más importante, cambió mi propia naturaleza. Me convertí en una mejor persona, un marido más atento, un padre más devoto y un mejor médico[24].

No obstante, esta historia no es única; parece repetirse en cada país y continente debido al avance de la medicina y las tecnologías de soporte vital, que facilitan la recuperación de personas que décadas atrás habrían estado condenadas a muerte.

24 Fuentes (14 de octubre de 2019).

Una de estas personas habría sido el escritor y economista español Emilio Carrillo, quien vivió una experiencia cercana a la muerte el 29 de noviembre de 2010 que lo llevó a escribir el libro *El tránsito*, en el que cuenta sus encuentros con familiares fallecidos.

Carrillo le relató estos encuentros al diario *El Español* de Madrid, y observamos que resultan similares a los narrados por Ernesto Samper durante los momentos más críticos de su convalecencia en la Caja Nacional de Previsión Social:

> Tenía en ese momento 52 años. Una caída bajando un monte me provocó una fractura de peroné; esta, a su vez, una trombosis, y esta, por fin, un infarto pulmonar. Y a ello se sumó un erróneo diagnóstico inicial del infarto como simple neumonía. A las 24 horas ingresé en la UCI en situación límite.
>
> Lo que sentí de manera clara y diáfana duró casi dos horas de nuestro tiempo. Sería muy extenso compartir en palabras la vivencia, pero puede sintetizarse así: para empezar me vi fuera de mi cuerpo, tendido en la cama boca arriba, mientras que yo "flotaba" sobre él y observaba todo lo que ocurría a mí alrededor. De inmediato, vi con todo lujo de detalles la vida entera que dejaba atrás. Todos y cada uno de los hechos y circunstancias vividos durante mis 52 años, sin excepción y no de manera parcial o resumida, sino ordenada y pormenorizada. No como una película o sucesión de fotogramas que se proyectaran ante mí, sino íntegramente y de forma simultánea.
>
> Esta visión instantánea de la vida que ha terminado, para mí, era la constatación de que todo tuvo su porqué y todo encaja de manera armónica. No hay ninguna pieza suelta o fuera de lugar en el puzle de la vida.
>
> Seguidamente, pude ver y sentir que estaba acompañado de seres de luz. Pronto tomaron un aspecto reconocible como mi padre, mi madre y varios hermanos de esta, todos fallecidos años atrás. Fue mi madre la que tomó la iniciativa de comunicarse conmigo,

preguntándome si me encontraba tranquilo y en paz. No fue una comunicación verbal, pero sí percibí su mensaje y también yo pude comunicarme con ellos. Como cosa curiosa, entre los seres de luz estaba una hermana de mi madre que no había fallecido, o al menos eso creí en ese momento. Posteriormente me informaron de que esa persona había muerto estando yo ingresado en la UCI.

Por fin, tras verme tan bien acompañado, advertí a escasos metros un soberbio túnel de luz resplandeciente en posición horizontal, sin pendiente alguna. Era refulgente y casi deslumbrante. Supe que era la entrada hacia el "más allá". Casi al final del túnel tuve un contacto con una forma energética que sólo desprendía armonía y un amor inmenso. Y esa forma tomó el cuerpo de Jesucristo. Me tendió sus manos de luz y las entrelazó con las mías, generando en mi ser una experiencia de gozo inenarrable[25].

Sin duda este testimonio se asemeja a los demás narrados en este libro y al del expresidente Samper; mantiene un mismo orden y sentido, y parece confirmar la existencia del fenómeno, aunque su explicación podría estar más cerca del mundo material que del espiritual.

BUSCANDO EN EL CEREBRO

Contrario a las creencias y afirmaciones de quienes aseguran haber estado en los límites de la vida, algunos científicos se han dado a la tarea de investigar este tipo de experiencias, con el fin de aclarar su origen y significado.

Científicos como Christopher Kerr, un neurólogo del Hospital de Cuidados Paliativos de Búfalo (California), publicó en el 2014 un artículo en *The Journal of Palliative Medicine* titulado "End-

25 Zamora y Jorge (30 de octubre de 2016).

of-Life Dreams and Visions: A Longitudinal Study of Hospice Patients' Experiences"[26], en el que analizó las experiencias de cincuenta y nueve pacientes terminales que informaron haber tenido encuentros con seres fallecidos.

El estudio concluye que casi la mitad de los encuentros sucedieron mientras dormían, y que la mayoría de estas visiones eran protagonizadas por amigos, parientes fallecidos, mascotas e incluso familiares vivos, con quienes interactuaron mediante charlas, mensajes o diálogos.

De acuerdo con el doctor Kerr y su equipo, la mayoría de las experiencias resultaron ser plácidas y se hicieron más agudas a medida que los pacientes se agotaban, su estado de salud se agravaba o se encontraban más cerca de la muerte.

Sobre el contenido de las visiones, el estudio concluyó que la mayoría de los pacientes manifestaron verse a sí mismos mientras preparaban sus maletas para irse de viaje o intentaban solucionar conflictos emocionales mediante mensajes a personas vivas.

Luego de hacerse conocido el informe, Kerr le aseguró a la agencia de noticias RT en 2019 que no podía proporcionar ninguna conclusión sobre la naturaleza de estas visiones, pues únicamente se ha dedicado a documentarlas.

Algo diferente le afirmó el doctor Tore Nielsen, director del Dream and Nightmare Laboratory de la Universidad de Montreal, al diario *El Confidencial* de España:

> Es complicado aventurar por qué estos sueños, al margen de su contenido, son vividos casi como si fueran experiencias reales. La explicación aparentemente es que muchos enfermos sufren delirios,

26 El artículo del doctor Kerr menciona a su equipo de investigación, conformado por los doctores James P. Donnelly, Scott T. Wright, Sarah M. Kuszczak, Anne Banas, Pei C. Grant y Debra L. Luczkiewicz.

> que pueden afectar hasta el 85% de las personas hospitalizadas en los últimos días de vida.
>
> En un estado de delirio —provocado por la fiebre, las metástasis cerebrales o los cambios en la química corporal propios de los pacientes terminales—, los ritmos circadianos están muy desordenados, por lo que el paciente no sabe si está despierto o soñando. Su cognición está alterada. En opinión de investigadores como Ronald K. Siegel, los episodios descritos por los enfermos son, de hecho, muy parecidos a las alucinaciones que provocan las drogas psicotrópicas[27].

En este sentido, los encuentros entre moribundos y espíritus no serían más que el resultado de los cambios y las trasformaciones que experimenta el cerebro al presentar fallas que afectan su química y su estructura.

Asimismo, el doctor japonés Tatsuya Morita y su equipo publicaron el estudio "Terminal Delirium: Recommendations from Bereaved Families' Experiences", en el que realizaron una serie de encuestas a quinientos sesenta familiares de pacientes que habían fallecido de cáncer. Llegaron a la conclusión de que el 72% había experimentado delirios durante las dos últimas semanas de su vida, lo que sugiere que este tipo de manifestaciones son una condición del proceso de muerte por enfermedad, alejándose de las explicaciones sobrenaturales.

Se trata de reacciones fisiológicas a patologías en estado terminal, como el cáncer, que causan deterioro cognitivo y cerebral acelerado, y generan cambios de personalidad, depresión, somnolencia y alucinaciones, entre otros. Así pues, investigadores como los que componen el equipo dirigido por Morita han considerado que algunos medicamentos analgésicos, la quimioterapia y la falta de oxígeno en la sangre pueden inducir este tipo de alteraciones en los pacientes.

27 Ayuso (5 de febrero de 2016).

Estas alteraciones parecen ser diferentes a las vividas por Samper cuando se encontraba inconsciente, pues las suyas no poseen las mismas características de las analizadas por Nielsen o Morita, en el sentido de que son más coherentes, largas y concretas. Las visiones de Samper resultan más similares a las experiencias cercanas a la muerte (ECM) clásicas, que siguen siendo un misterio para muchos investigadores.

EL FIN DE LA VISITA

Al final de la entrevista con Ernesto Samper, me quedé unos minutos en silencio mientras él se cruzaba de brazos y observaba las montañas y al mismo tiempo le quitaban los micrófonos.

En el exterior la tarde se extinguía, las luces se encendían para combatir la oscuridad y un grupo de palomas cortaba el horizonte. Recordé entonces un libro que había comprado en el último piso de la Casa del Libro de Madrid, desde cuyos palcos se observaba la Gran Vía, atiborrada de turistas, estudiantes y trabajadores. Se trataba de un volumen delgado que descansaba sobre un pequeño pedestal, tenía la portada azul y se llamaba *Los cinco mandamientos para tener una vida plena*, de Bronnie Ware. Para escribirlo, Ware le preguntó a un grupo de pacientes en estado terminal de qué se arrepentían antes de morir; la mayoría contestó cosas como estas: "Ojalá hubiera tenido el coraje de hacer lo que quería hacer"; "Ojalá no hubiera trabajado tanto"; "Poder expresar mis sentimientos"; "Más contacto con los amigos", "Haber sido más feliz".

Me quedé pensando en sus respuestas y en la fragilidad de nuestros cuerpos, cuando me levanté para despedirme de Samper:

—Al final nos queda la esperanza del más allá —le dije.

—En lugar de pensar en el más allá, tenemos que preocuparnos por vivir el presente —me respondió.

BIBLIOGRAFÍA

Artículos

Ayuso, Miguel, "El mensaje que ocultan los sueños de las personas que están a punto de morir", *El Confidencial,* 5 de febrero de 2016. Disponible en: https://www.elconfidencial.com/alma-corazon-vida/2016-02-05/el-mensaje-que-ocultan-los-suenos-de-las-personas-que-estan-a-punto-de-morir_1145980/

Ethier, A. M. "Death-Related Sensory Experiences". *Journal of Pediatric Oncology Nursing* 2005, 22 (2), pp. 104-111.

Fuentes, Héctor, "El increíble caso del doctor Rajiv Parti: Tras ser declarado muerto, volvió y aseguró haber visitado el infierno", *Guioteca,* 14 de octubre de 2019. Disponible en: https://www.guioteca.com/fenomenos-paranormales/el-increible-caso-del-doctor-rajiv-parti-tras-ser-declarado-muerto-volvio-y-aseguro-haber-visitado-el-infierno/

Kerr, C. W.; Donnelly, J. P.; Wright, S. T., *et al,* "End-of-Life Dreams and Visions: A Longitudinal Study of Hospice Patients' Experiences", *Journal of Palliative Medicine,* 17 (3), 2014, pp. 296-303. Disponible en: https://www.researchgate.net/publication/259696050_End-of-Life_Dreams_and_Visions_A_Longitudinal_Study_of_Hospice_Patients'_Experiences

Morita, T.; Akechi, T.; Ikenaga, M., *et al,* "Terminal Delirium: Recommendations from Bereaved Families' Experiences", *Journal of Pain and Symptom Management,* 34 (6), 2007, pp. 579-589.

Nosek, C. L.; Kerr, C. W.; Woodworth, J., *et al,* "End-of-Life Dreams and Visions: A Qualitative Perspective from Hospice Patients", *The American Journal of Hospice and Palliative*

Care, 32 (3), 2015, pp. 269-274. Disponible en: https://www.researchgate.net/publication/259809368_End-of-Life_Dreams_and_Visions

Redacción *NPR*, "Hospice Chaplain Reflects on Life, Death and the 'Strength of the Human Soul'", *NPR*, 31 de octubre de 2016. Disponible en: https://www.npr.org/sections/health-shots/2016/10/31/499762656/hospice-chaplain-reflects-on-life-death-and-the-strength-of-the-human-soul

Redacción RT, "¿Qué soñamos antes de morir? Publican los resultados de un estudio de 10 años", RT, 6 de marzo de 2019. Disponible en: https://actualidad.rt.com/actualidad/307678-suenos-ver-personas-antes-morir-estudio

Samper Pizano, Ernesto, "El día que casi me matan", *El Tiempo,* 21 de marzo de 1993. Disponible en: https://www.eltiempo.com/archivo/documento/MAM-79419

Zamora, Malú y Jorge, Javier, "10 experiencias cercanas a la muerte", *El Español*, 30 de octubre de 2016. Disponible en: https://www.elespanol.com/reportajes/grandes-historias/20161028/166484187_0.html

Libros

Barrett, William, *Visiones en el momento de la muerte*, traducción de Manuel Pumerega, Madrid: Ser y Actuar, 1926.

Carrillo, Emilio, *El tránsito*, Málaga: Editorial Sirio, 2015.

Cicerón, *On Divination. Book 1*, Traducción, introducción y comentario histórico de David Wardle, Nueva York: Oxford University Press, 2006.

Egan, Kerry, *On Living: Lessons in Living from the Dying*, Nueva York: Penguin Books, 2017.

Parti, Rajiv, *Dying to Wake Up: A Doctor's Voyage into the Afterlife and the Wisdom He Brought Back*, Nueva York: Atria Books, 2017.

Ware, Bronnie, *Los cinco mandamientos para tener una vida plena*, Madrid: Debolsillo, 2013.

Registro sonoro

Entrevista a Ernesto Samper, "Experiencias cercanas a la muerte, por red+", *Más Allá*, Canal RedMas, 2019. Fragmentos disponibles en: https://www.youtube.com/watch?v=pI2ziU-Zpw9Q&t=2s

4

LA NIÑA DE LA CARTA Y OTROS ESPÍRITUS DE LUZ Y OSCURIDAD

Todas las civilizaciones imaginaron mundos después de la muerte; paraísos, infiernos y dimensiones intermedias a los que viajaban las almas una vez finalizaban sus vidas en la tierra. Asimismo, algunas doctrinas aseguran que si las personas fallecen de forma prematura o violenta, sus espíritus quedan atrapados en nuestro plano, transformándose en seres ambivalentes, que actúan de forma protectora o vengativa, de acuerdo con las circunstancias.

Estas entidades sobrenaturales, condenadas a vagar por el tiempo y el espacio bajo la forma de animal o monstruo mientras protegen bosques, lagos o montañas, me obsesionaron mientras estudiaba Antropología en la Universidad Nacional, cuando leí *La rama dorada* de James George Frazer y *Mitológicas* de Lévi Strauss, cuyas letras me llevaron a los límites de la realidad y la leyenda.

Sin embargo, los personajes mitológicos colombianos no me interesaron hasta mediados de 2003, cuando fui invitado por el profesor Reynaldo Barbosa Estepa a un congreso de organizaciones campesinas en Silvia (Cauca). Allí nos recibieron los indígenas nasa, quienes nos hablaron de los espíritus de los cerros y las lagunas sagradas, en donde sobrevivían infinidades de frailejones, venados, cóndores y osos de anteojos.

Al finalizar el evento, regresamos a Bogotá por la carretera que va de Popayán a Neiva, que está rodeada por cañones y abismos gigantescos, en cuyas faldas se alojan poblaciones como Ricaurte, El Pedregal y La Plata, que sobrepasamos hasta llegar al Guamo, entrada la medianoche.

Contra todo pronóstico, el profesor Barbosa logró despertar al alcalde y lo convenció de entregarnos las llaves de un antiguo club social que se encontraba en ruinas y estaba repleto de murciélagos, que sobrevolaban una piscina mohosa y un edificio de dos plantas, cuyas habitaciones estaban ocupadas por cucarachas, lagartijas y colchones vetustos de los que surgían pequeñas plantas.

Molestos por el bochorno y el olor a lluvia que envolvía a las habitaciones, decidimos comprarnos una canasta de cerveza y compartirla con los vigilantes, que empezaron a contarnos que escuchaban las carcajadas de una bruja que les aplastaba el pecho y les chupaba el cuello mientras dormían.

Enseguida el vigilante más joven empezó a narrar cómo una muchacha se había ahogado en un río cercano, luego de que un anciano que fumaba tabaco y se sentaba en una piedra se apoderara de su voluntad, atacándola con sus poderes telepáticos.

Al final, cuando la cerveza se agotaba y los pájaros empezaban a cantar, les pedí que me contaran la historia más espantosa de su vida. Los hombres se miraron entre sí y patearon el piso.

—Cuéntele de la niña —dijo el más joven.

—No, de la niña no —contestó el viejo, que lucía un bigote al estilo del Binomio de Oro.

—¿De qué niña estaban hablando? —pregunté confundido.

Los hombres recogieron las botellas y se quedaron en silencio. El calor enrarecía el ambiente y las estrellas se refractaban sobre la alberca, en donde descansaban cientos de hojarascas.

—¿De qué niña hablan? —insistí.

—De la niña de la carta —respondió el joven.

—De esa niña no se habla —lo reprendió el viejo, mientras se despedía enojado.

Regresamos a Bogotá. Los días se transformaron en meses y los meses en años. Me gradué, no volví a pensar en ese viaje, pero nunca olvidé la cara de espanto de aquellos hombres cuando les pregunté sobre la niña de la carta.

Esta sensación retornó durante la Feria del Libro de Bogotá de 2015, cuando encontré un libro que tenía un esqueleto en la portada: era *Mitos, leyendas y relatos colombianos* del profesor Javier Ocampo López. Lo tomé del estante, revisé su contenido y encontré un apartado dedicado a la niña de la carta.

Esa misma semana conté su historia en el Cartel de la Mega de Daniel Trespalacios, y una infinidad de testimonios bombardearon mi Twitter. Se trataba de personas que aseguraban haberla visto o escuchado de su existencia. Estos relatos estaban acompañados con imágenes e ilustraciones, sacadas de libros o páginas de internet que desconocía hasta ese momento.

A partir de entonces, decidí recopilar la mayor cantidad de testimonios posibles para redactar su historia al estilo de los hermanos Grimm o Charles Perrault, quienes compilaron las leyendas de los campesinos europeos y las transformaron en cuentos de hadas.

En este sentido, las situaciones que se describen a continuación son producto de una serie de testimonios de personas que aseguran haber entrado en contacto con un espíritu que representa una de las visiones más oscuras de la vida después de la muerte: un espejo en el que se reflejan nuestros temores y tormentos.

LA NIÑA DE LA CARTA

Joaquín se vistió con premura y salió por un camino lleno de mariposas que resplandecían como si fuesen de escarcha. Entró por una calle del pueblo, cruzó el parque y se internó en una cantina, en donde unos hombres jugaban a las cartas.

Se frotó las manos, pidió un par de naipes y empezó a apostar. Las horas se esfumaron entre carcajadas y risas; el local se desocupó y un malestar le oprimió el pecho, por lo que tomó aguardiente hasta que se emborrachó y regresó a su casa.

El pueblo lucía desolado; los tejados se extendían bajo una luna gigante que irradiaba su luz en los empedrados que marcaban el fin de sus cuadras, hasta donde llegaban las melodías de la cantina: "Yo adivino el parpadeo... De las luces que a lo lejos... Van marcando mi retorno".

Las siluetas de los árboles se veían enormes y el aire era tan limpio que podía distinguirse cada detalle del paisaje: los Andes se erguían negros y monumentales sobre una llanura azulosa. Parecía que podía tocarlos con solo estirar sus dedos.

"Volver, con la frente marchita... las nieves del tiempo... plat... on m... sien...". La voz de Gardel se perdió mientras Joaquín se alejaba de la aldea hasta que esta tomó la forma de un pesebre. Empezó a llover y el sendero se transformó en una pista de fango, sobre la que se deslizó hasta que los pies se le llenaron de hojarascas.

Irritado, remontó una colina y observó las parcelas repletas de yuca y plátano, y volvió a sentir una punzada en el corazón que se transformó en rabia; la misma rabia que apagaba cada semana desenfundando su machete y golpeando a su esposa y a sus hijos, hasta que quedaba agotado y sin fuerzas.

Se limpió la frente con el puño de la camisa y atravesó un puente metálico, rodeado por un bosque de yarumos que ululaban, como si lloraran de sufrimiento.

El dolor del pecho empezó a llegarle a la espalda. Respiró profundamente y siguió adelante hasta llegar a una curva, en donde observó una luz pálida y ovalada que se introdujo en un árbol; de allí surgieron un brazo, una pierna y una cabeza que delinearon una silueta.

Era una figura humana que fue aclarándose hasta formar el cuerpo de una niña, que llevaba una guirnalda de lirios y un vestido blanco, cuyos velos se agitaban entre las ramas de los árboles. Un frío intenso invadió el ambiente, las chicharras se silenciaron y un aroma a rosas descendió de las estrellas.

—Señor, estoy perdida. ¿Me puede ayudar? —dijo la pequeña, mientras le entregaba una carta.

Joaquín tomó el sobre, del que emanaba una especie de brillo que se intensificaba en la zona del remitente, en donde se dibujaban unas palomas y un rosario. Lo abrió y extrajo una tarjeta sobre la que podía verse un grupo de símbolos que parecían escritos con tinta china, que se aplastaban y alargaban como si fuesen polillas repugnantes.

Asustado, lanzó el papel al suelo y observó cómo la niña alcanzaba el tamaño de un árbol mientras su cuerpo se deformaba, como si los huesos se le alargaran debajo de la piel, por lo que su mandíbula y sus dientes se proyectaban adelante de su rostro, y sus hombros se arqueaban como si fuesen aletas membranosas.

Una luz intensa envolvió al universo. Joaquín cayó de rodillas, recordó el llanto de sus hijos, los sermones del cura, los golpes y la cara hinchada de su esposa, la bandera tricolor y la oscuridad, una oscuridad tan profunda que lo encerró entre las lagunas del olvido.

Un par de días después, encontraron a Joaquín inconsciente en medio de un potrero. Lo llevaron a un médico, que le diagnosticó un colapso nervioso y le ordenó que descansara en su casa.

Con el pasar del tiempo Joaquín empezó a recuperarse. Al comienzo solo abría los ojos, luego movía la cabeza para responder a las preguntas de su esposa, quien le mojaba el pan en aguapanela para que pudiera tragárselo. Unas semanas después volvió a hablar y se dio cuenta de que les tenía miedo a la oscuridad y a las linternas; comenzó a recordar a la niña, y los símbolos de la carta se le presentaron en sueños.

En ese momento fue a visitarlo uno de sus compadres más queridos, que le llevó comida y le preguntó por el origen de su enfermedad.

—Fue una… niña que… tenía una carta —respondió Joaquín, trabajosamente.

—¡No puede ser! —dijo el visitante, sorprendido.

—¿Es que no me cree? —respondió el enfermo.

—No, no es por eso, compadre.

—¿Entonces qué fue?

—Lo que pasa es que en un terreno cerca de donde a usted lo espantaron vivía una familia que se dedicaba a cultivar café; tenían un trapiche grande y una recua de mulas que dejaban pastando por los lados de la quebrada. Era una familia que no participaba en guerras ni en rencillas, no le hacía campaña a ningún político, no hablaban mal de nadie, iban a misa y no tenían deudas.

"Fue entonces cuando comenzó la violencia: los godos empezaron a boletear a los liberales para que les vendieran las tierras por migajas; a los que no quisieron, los mataron y les quemaron las casas.

"Luego llegaron los bandoleros, emboscaron al ejército y mataron a los curas. Fueron tiempos muy duros para todos; usted todavía no había llegado a este pueblo, y como nadie habla de eso, de seguro no sabía".

—¿Saber qué? —preguntó Joaquín con la mirada vidriosa.

—Que esa familia vivió una tragedia terrible por no tener bando en esa guerra, por no tener ningún amigo poderoso. Yo los recuerdo mucho porque eran unas personas muy correctas, tan correctas que mandaron a pintar la fachada y la entrada de la finca de verde para que no dijeran que eran godos o liberales, a los que trataban por igual a la hora de los negocios. Pero esto empezó a molestar a la gente del pueblo.

"Para la primera comunión de la niña más pequeña organizaron una fiesta a la que solo invitaron a sus familiares para ahorrarse problemas; mandaron a hacer una torta grande, compraron un marrano, llenaron de festones y serpentinas los techos, trajeron gaseosa para los pequeños y aguardiente para los grandes, hasta que empezaron a escuchar ruidos en los cafetales.

"Las mujeres salieron a llamar a los niños, cuando llegó un grupo de hombres armados que llevaban las caras tapadas con pañolones y sombreros; algunos gritaban '¡Viva Cristo Rey y el Partido Conservador!' y otros se mantenían alejados, con sus machetes adornados con cintas rojas y colgandejos de cuero.

"Los bandidos desenfundaron sus revólveres, hicieron que los invitados se sentaran en el piso, los amarraron y les apuñalaron las piernas para que no se movieran. Adultos y niños lloraban sobre los trozos de confeti, mientras los desalmados le subían el volumen a la música.

"Los bellacos se sentaron a la mesa y empezaron a comerse el marrano asado, la yuca y el pastel, que tenía dibujada una paloma blanca. Cuando terminaron, el jefe de la cuadrilla se levantó y buscó a la niña, que llevaba puesto su vestido de primera comunión; la arrastró hasta el cafetal, la violó y la degolló. Luego los mataron a todos y quemaron la casa".

—¿Y nadie dijo nada? —preguntó el campesino desde su lecho.

—En ese tiempo nadie decía nada: era la ley del silencio.

—¿Eso qué tiene que ver conmigo?

—Pues que se dice que el espíritu de la niña quedó vagando por ahí y se les aparece a las personas para escarmentarlas.

—Pero, ¿por qué me iría a escarmentar a mí? —inquirió Joaquín.

—No lo sé, pero se dice que castiga a quienes maltratan a las mujeres y a los niños.

ALMAS EN PENA

Aunque parezca extraña, la historia de la niña de la carta es similar a muchas narraciones registradas alrededor de mundo, en las que miles de personas aseguran haber entrado en contacto con este tipo de manifestaciones. Estos encuentros, según la pseudociencia de la parapsicología, tendrían su origen en catástrofes o muertes que dejan marcas fantasmales, denominadas *ecos astrales*, que se manifiestan bajo la forma de apariciones espectrales que repiten las mismas acciones de forma automática, como si fuesen bucles o grabaciones condenadas a reproducir dolor y espanto por el resto de la eternidad.

Estas manifestaciones, según el filósofo francés Allan Kardec, reconocido por sistematizar de la doctrina del espiritismo en el siglo XIX, son el producto de "espíritus [que] ejercen en el mundo moral y hasta en el físico una acción incesante; obran sobre la materia y el pensamiento, y constituyen uno de los poderes de la naturaleza, causa eficiente de una multitud de fenómenos inexplicados o mal explicados hasta ahora"[28].

Lejos de este tipo de explicaciones, existen registros de seres similares en las mitologías de antiguas civilizaciones; historias que conjugan los mismos elementos de los relatos de las montañas colombianas.

Una de estas es la de Yuki-onna, un espanto del antiguo Japón que se manifestaba como una mujer de cabellos largos, cuya piel anémica se confunde con su kimono blanco, que se originó

28 Kardec (1967, p. 20).

cuando una chica embarazada murió luego de ser abandonada por su esposo, al borde de un camino, durante una nevada. Desde entonces, su alma se presenta entre los bosques, por los que flota sin dejar huella sobre el suelo.

Es una criatura muy popular, pues docenas de viajeros de diferentes épocas atestiguan haberse encontrado con ella luego de quedar atrapados por tormentas de nieve, en las que el espíritu se presentó y los incitó a seguirlo hasta profundos desfiladeros para que fallecieran congelados.

De igual forma, antiguas escrituras afirman que se presenta sosteniendo a un niño de brazos, que utiliza como señuelo para atraer a sus víctimas. Esto nos permite especular que se trata de una representación de la violencia contra las mujeres y su poder creador, común en la historia de la humanidad debido a la violencia de género desplegada por milenios.

El investigador argentino Jonathan Muñoz tradujo algunos apartes de *Kwaidan: Stories and Studies of Strange Things*, el libro de Lafcadio Hearn, publicado en 1904, en el que narra un ataque de esta criatura:

> Al cabo de un rato el hombre despertó y vio un destello de nieve en su rostro. La puerta de la cabaña se abrió a la fuerza por la luz de la nieve y vio una mujer en la habitación, una mujer completamente blanca. [...] luego se acercó a él y descendió su rostro cada vez más hasta casi tocarlo. Pudo ver que era hermosa aunque su mirada le daba miedo. Por un buen tiempo ella lo miro y le sonrió mientras le dijo: "quería tratarte igual que a un hombre mayor, pero no puedo evitar sentir lástima por ti, eres muy joven y demasiado bello así que no te mataré" —sin embargo continuó diciendo—, "si llegas a decirle lo que viste esta noche, incluso a tu madre, yo me voy a enterar y voy a venir a matarte[29].

29 Muñoz (2017, p. 3).

La representación de Yuki-onna posee elementos en común con la niña de la carta, que resultan sorprendentes si tenemos en cuenta la distancia cultural entre ambas historias. No obstante, estas similitudes también son frecuentes en antiguas leyendas de la Edad Media.

Una de estas es la historia de la emperatriz Matilde de Inglaterra, quien vivió durante el siglo XII. Matilde era hija de Enrique I y nieta de Guillermo el Conquistador, y fue obligada a marcharse a Alemania cuando tenía seis años para casarse con Enrique V, del Sacro Imperio Romano, y convertirse en emperatriz.

Con el pasar del tiempo, Matilde se transformó en una hábil estratega. Cuando su esposo falleció, ella empezó a exhibir una vida sexual liberal. Esto encolerizó a su padre, quien la envió a la abadía de Mortemer, en Francia, donde fue encerrada por más de cinco años. Después de esto, la obligaron a casarse con Godofredo de Plantagenet, en 1127, con quien tuvo un hijo que fue coronado como Enrique II de Inglaterra.

Según las escritoras Jacqueline Simpson y Jennifer Westwood, la vida de Matilde terminó el 10 de septiembre de 1167, luego de haber soportado los ataques y las conspiraciones de sus enemigos, y su espíritu empezó a ser visto por los pasillos de Mortemer, ataviada con un vestido blanco. Este hecho podría estar relacionado con las mortajas con las que se enterraban los cadáveres, que eran hechas con sábanas o lienzos blancos, en la mayoría de los casos.

En la actualidad, gran parte del edificio de la abadía se encuentra en ruinas; los árboles han crecido sobre los muros, y centenares de lápidas medievales están desperdigadas sobre un prado brillante, que atrae miles de visitantes cada año en busca del espíritu.

Este es un espectro con tintes aristocráticos que mezcla las creencias sobre la vida después de la muerte con los infortunios durante la existencia, al retratar a una emperatriz que tuvo una vida llena de sufrimiento, pues su destino y sus amores fueron decididos por otros; desgracias que la mantendrían penando entre los muros de su antigua prisión por el resto de los días.

Todas estas narraciones develan las injusticias a las que han sido sometidas las mujeres históricamente, sin importar su procedencia o posición, y que se siguen repitiendo en nuestros tiempos, en los que los automóviles han remplazado a los caballos, y el asfalto, a las piedras.

LA CHICA DE LA CURVA

La chica de la curva es una de las leyendas más extendidas del mundo y una de las más estudiadas. Se trata de espíritus femeninos vestidos de blanco que se encuentran al borde de caminos o autopistas en tramos peligrosos, que son recogidos por personas que les permiten abordar sus vehículos. Allí se mantienen inmóviles, hasta que desaparecen de forma misteriosa.

También existen versiones más oscuras de la historia, en las que los espíritus entablan una larga conversación con el conductor que termina cuando afirman: "¿Ve esa curva? En esa curva me maté yo", y luego se desvanecen dejando un olor a putrefacción en la cojinería del vehículo.

Historias semejantes se repiten en los cinco continentes, como la sucedida en 1985, en Arica (Chile). El diario *La Cuarta* publicó la historia de Luis Rivera, Juan Carlos González y Paul Hernández, quienes observaron una extraña aparición en un lote en donde se llevaba a cabo una construcción[30]:

"Era una mujer muy alta, tenía un vestido blanco como túnica y su rostro era muy pálido. Sobre la cabeza tenía una especie de

30 Los testimonios a continuación fueron tomados del artículo de *La entrada secreta* (13 de diciembre de 2015), en el que se cita el artículo original de *La Cuarta*.

sombrero con una visera que le tapaba los ojos y parte de la cara", aseguró Juan Carlos González.

"La vimos salir de la zanja, se lo juro", complementó Luis Rivera ante los periodistas. "Después caminaba en dirección a los cerros", afirmó.

Al sentirse asustados, los jóvenes se armaron con algunas piedras y se las lanzaron a la cabeza, por lo que la criatura se dio vuelta y empezó a perseguirlos, hasta que desapareció de manera inexplicable.

Luego de algunas semanas, los pobladores asociaron al espectro con un accidente de tráfico en el que habría muerto una joven que debía contraer matrimonio en un lugar llamado Las Peñas. "Incluso allí hay una vieja cruz que conmemora este hecho", dijo un agricultor de la zona.

Algo similar sucedió en Filipinas, en la carretera Balete, cerca de la ciudad de Quezón, que es considerado uno de los lugares más embrujados de ese país. Allí aparece una mujer vestida de blanco, cuyo espíritu vive en el interior de los árboles —según la tradición local, los espíritus pueden vivir dentro de las plantas—. Es una criatura tan popular que se han realizado películas y libros infantiles sobre esta, como los de Dianne de Las Casas y Zarah C. Gagatiga, que han logrado gran popularidad al rededor del mundo.

Igualmente, se cree que esta criatura posee una compañera aterradora, apodada la "Dama negra", que tiene una cabellera larga y oscura que utiliza para confundir a los conductores de los automóviles, a quienes se les arroja para crear accidentes.

En El Salvador también son innumerables los avistamientos de una criatura similar llamada "la Descarnada", que aparece en la carretera que lleva del municipio de Santa Ana a Chalchuapa.

La Descarnada es un espanto que posee el aspecto de una mujer, vestida con un traje blanco, que camina sobre las bermas de las carreteras y levanta la mano a los camiones para que la lleven; cuando alguno se detiene y le pregunta a dónde va, ella les menciona algún punto cercano y les lanza una sonrisa.

Dentro del vehículo, la mujer empieza a levantarse la falda o la blusa para mostrar sus piernas y sus pechos a los conductores, que en ocasiones intentan acariciarla o besarla. Es entonces cuando su piel se desprende sobre las manos de su víctima, que quedan llenas de sangre y músculos, hasta que les hace perder el conocimiento.

Los vecinos de la carretera explican esta aterradora aparición como el producto de la violación y el asesinato de una joven, cuyo cuerpo se encuentra perdido en algún lugar de la vía. Asimismo, se cuenta que su origen podría estar relacionado con la muerte de una mujer que se dedicaba a la adivinación y la brujería, que fue arrollada por un vehículo que se habría dado a la fuga sin auxiliarla.

Luego de repasar estas historias, pareciera que nos enfrentamos a entidades aterradoras y agresivas; sin embargo, las historias de criaturas similares, pero de carácter protector, son muy comunes y nos llevan a reflexionar sobre los límites de la vida y la muerte, como las que se presentan a continuación.

LAS DAMAS DE BLANCO PROTECTORAS

Además de los espectros y fantasmas, también existen casos e historias acerca de encuentros con entidades similares a la niña de la carta que protegieron y cuidaron niños o personas desvalidas, que se encontraban en situaciones críticas entre los fríos bosques del invierno europeo, en tiempos relativamente recientes.

Uno de estos casos es el de Antonia Tamayo Beteta, que se perdió en un bosque helado de Albacete el 29 de diciembre de

1979, cuando tenía cuatro años. Esta historia fue investigada por la filologa y antropóloga Mado Martínez en el 2015, quien reveló una serie de hechos asombrosos.

Poco después de la desaparición de la pequeña, sus familiares alertaron a la policía y a sus vecinos, quienes subieron a las montañas y revisaron cada río, quebrada y despeñadero, pero no encontraron ningún rastro de Antonia. Entonces el grupo cayó en la desesperación, pues la niña llevaba poca ropa y las temperaturas de la noche hacían imposible que sobreviviera.

El tiempo avanzó; se completaron dos, tres días, y el dolor de su familia se agrandaba como una sombra negra, que los envolvía cada vez que alguien les insinuaba que su hija ya debía estar muerta, devorada por algún animal o asesinada por un criminal sangriento.

Consternados, los efectivos de la policía se prepararon para abandonar la búsqueda y declararla desaparecida, cuando algo sorprendente ocurrió sobre el mediodía del 1 de enero de 1980: un grupo de hombres se internó en el bosque para buscar leña y escuchó unos quejidos a pocos metros de distancia, en donde encontraron a la pequeña, que estaba de pie y en perfecto estado de salud.

La niña fue llevada inmediatamente a un hospital en Albacete, en donde los doctores afirmaron que había sucedido un milagro, pues no podían explicar cómo había pasado tanto tiempo sin alimentos, en medio de una montaña helada.

Esta situación se volvió más sorprendente aun cuando Antonia les contó que una mujer con un vestido blanco, rodeada de un halo de luz muy brillante, le había dado de comer y beber y la había abrazado durante la noche para que no tuviera miedo.

El de Antonia sin duda es un caso extraordinario que llamó la atención de los medios y que se conecta con otros, como el de

Entrevista con J. J. Benítez acerca de sus investigaciones sobre la vida después de la muerte. Hotel Terra 100, Bogotá, 2018.

Crédito: Yohana Arenas

El cirujano Miguel Ramírez junto a Javier Vanegas, el "Lázaro de Corabastos", a quien le salvó la vida en el 2013. Bogotá, 2017.

Crédito: Miguel Ramírez

Entrevista a Ernesto Samper Pizano. Bogotá, 2019.

Crédito: Yohana Arenas

Muchos creen que en esta obra se representa el túnel de la muerte, aunque algunos historiadores piensan que está inspirada en las creencias sobrenaturales que reinaban durante los últimos años de la Edad Media.

Crédito:

El Bosco. (1505-1515).

La Ascensión al Empíreo.

Florencia: Palazzo Vecchio.

Wikipedia Commons

Entrevista a Antonio Navarro Wolff en la sede del Partido Verde. Bogotá 2019.

Crédito: Yohana Arenas

33

En la *Divina comedia*, Dante y Beatriz ven a Dios como un punto de luz rodeado de ángeles.

Crédito: Gustave Doré, *Paradiso canto 33*. The Dore Gallery by Edmund Ollier - Cassel, Petter and Galpin (London-New York) 1870. © GettyImages.com

Entrevista a Juan Manuel Correal "Papuchis", en medio de la pandemia del COVID-19. Bogotá, antigua sede de RedMas Televisión, agosto de 2020.

Crédito: Camilo Caballero

Encuentro virtual con Fabiola Posada, durante la pandemia del COVID-19. Bogotá, septiembre de 2020.

Crédito: Camilo Caballero

Trinidad Collado Pastor, sucedido el 31 de diciembre de 1943. La pequeña salió de su casa, para comprar el pan para la cena de Año Nuevo y una luz blanquecina la cegó, por lo que entró a una cabaña abandonada, que se encontraba al lado del camino, en donde pasó la noche.

Al rato de haberse acostado entró una mujer alta con un vestido azul y blanco que le dio calor. Al día siguiente, 1 de enero de 1944, Trinidad sintió una voz en su cabeza que le dijo: "Sal al sol", así que se levantó, abrió la puerta y se encontró con Ángel Preño, un campesino que la condujo al pueblo en donde la esperaba su familia. Sus parientes la llevaron inmediatamente a la iglesia, en donde le preguntaron si alguna de las imágenes que se levantaban sobre sus nichos correspondía a la señora que había visto por la noche. Trinidad no lo dudó y señaló a la Virgen del Rosario.

Este es un caso asombroso que nos habla de espíritus protectores, que parecen provenir de un lugar o espacio que bordea los límites de la realidad, y que fue narrado por la misma Trinidad a Jesús Callejo y a Javier Sierra, ganadores del Premio Planeta, quienes lo publicaron en su libro *La España extraña* de 1997.

CAMINO AL MÁS ALLÁ

Aunque muchos no las consideran importantes, este tipo de leyendas y manifestaciones han sido estudiadas por antropólogos, psicólogos y sociólogos, quienes han desarrollado diferentes hipótesis sobre su origen y significado a través del tiempo.

Los profesores Alberto Martos García y Aitana Martos García, de la Universidad de Extremadura, proponen que este tipo de apariciones son "imágenes funerarias, máscaras expresionistas [...] que nos avisa[n] o alarma[n] no solo de lo obvio, del río crecido en la noche sino de otros muchos valores, el descuido, la negligencia, la falta de cuidados que lleva al desastre, al desequilibrio, a la manifestación del lado terrible [...] son 'diosas oscuras'"[31].

En este sentido, podríamos afirmar que la niña de la carta es una especie de anuncio de las desgracias que pueden sucedernos en los caminos y un recordatorio de la inmanencia de la muerte, que nos acecha a todo instante.

Por otro lado, el filólogo José Manuel Pedrosa, de la Universidad de Alcalá de Henares, quien estudió este fenómeno en su libro *La autoestopista fantasma y otras leyendas urbanas españolas*, considera que estos espectros son una especie de "psicopompos": entidades sobrenaturales que guían a las personas y les advierten de los peligros de los caminos.

Esta definición concuerda con los demás casos que hemos analizado, que nos permiten establecer que este tipo de entidades aparecen en lugares en donde han ocurrido tragedias, como si fuesen avisos de precaución; estelas de antiguas desgracias que se extienden ante nuestros ojos para evitar nuevas catástrofes; arquetipos y sombras que no tendrían origen en el mundo sobrenatural, sino en el de la memoria colectiva.

Son criaturas que, según Pedrosa, han sido registradas desde la época medieval, en la que existen docenas de narraciones en las que viajeros temerarios que se adentraban por caminos peligrosos se encontraban con una mujer de traje blanco que les pedía acompañarlos. Al comienzo el viaje transcurre de forma tranquila, pero cuando los viajeros se acercan al final, la muchacha desaparece. En varias ocasiones llegaban a la conclusión de que era la Virgen María, quien había bajado de los cielos para cuidarlos en su travesía.

Estos relatos, según el profesor Pedrosa, son los antepasados de la chica de la curva y los espectros femeninos de carretera,

31 Antonio Martos García y Aitana Martos García (2015).

que representarían las almas de personas muertas que vendrían al mundo para proteger y corregir a los vivos.

El investigador Fernando Cid Lucas publicó un análisis de este fenómeno bajo el título "Damas blancas, damas de agua", en el que sostiene que estas entidades están relacionadas con seres benéficos y protectores de las antiguas mitologías, como las ninfas griegas, que fueron transformadas en monstruos y espantos por el cristianismo.

Ninfas y damas del agua que, para los antiguos celtas, también podían ser "espíritus irascibles, capaces de atacar a los viajeros que se adentran en la noche o a quienes despistan su camino. También podía suceder que si dicho viajero resultaba ser un joven apuesto lo hechizaban y lo llevaban con ellas a vivir al fondo del lago o del río"[32].

Podemos ver entonces que estos comportamientos son similares a los de la desencarnada y demás entidades, que parecen haber cambiado los estanques por las carreteras y las autopistas.

Al final, cabe reflexionar sobre las conexiones de la niña de la carta con la realidad colombiana, con la violencia, la muerte y la desigualdad que han soportado sus pobladores desde sus inicios, con las masacres que todavía nos aquejan y los sufrimientos de las mujeres que son oprimidas por una sociedad machista que las maltrata.

En este sentido, podemos aventurarnos a concluir que la imagen de la niña representa inocencia; el color blanco de su vestido, pureza, y la carta, un mensaje. Un mensaje que llega a los vivos en medio de la oscuridad de la noche, para recordarnos la violación y el asesinato que se cometieron contra ella, y que siguen impunes a pesar del paso del tiempo.

32 Lucas (2015, p. 76).

BIBLIOGRAFÍA

Artículos

Hernández, N, "Datos que quizá desconocías sobre la versión salvadoreña de la leyenda de 'La Descarnada'", *Noticias de El Salvador - elsalvador.com*, 30 de julio de 2019. Disponible en: https://www.elsalvador.com/entretenimiento/viral-entretenimiento/datos-que-quiza-desconocias-sobre-la-version-salvadorena-de-la-leyenda-de-la-descarnada/625920/2019/

Lucas, Fernando Cid, "Damas blancas, damas de agua: lo femenino y el líquido elemento en el corpus de mitos y leyendas de occidente y de Japón (apenas una aproximación)", *Releyendo: Estudios de lectura y cultura*, María del Mar Campos Fernández-Fígares (ed. lit.), Manuel José de Lara Ródenas (ed. lit.), José María Pérez Collados (ed. lit.), pp. 309-316, 2015.

Martínez, Mado, "La Dama blanca de Arroyo Sujayar" revista *Año/Cero*, n.° 301, 15 de julio de 2015. Disponible en: https://www.espaciomisterio.com/enigmas-y-anomalia/la-dama-blanca-de-arroyo-sujayar_34427

Martos García, Alberto y Martos García, Aitana, "Nuevas lecturas de la llorona: imaginarios, identidad y discurso parabólico", *Universum* (Talca), 30 (2), 2015. Disponible en: https://scielo.conicyt.cl/scielo.php?script=sci_arttext&pid=S0718-23762015000200011&lng=en&nrm=iso&tlng=en

Muñoz, Jonathan (2017). "Yuki onna: De mito popular a fenómeno de masas juvenil en Japón", *XVI Jornadas Interescuelas/Departamentos de Historia*, Departamento de Historia-Facultad Humanidades-Universidad Nacional de Mar del Plata.

Redacción *La entrada secreta*, "La leyenda de la Dama de Blanco en Chile", *La entrada secreta*, 13 de diciembre de 2015.

Simpson Jacqueline y Westwood, Jennifer, *The Penguin Book of Ghosts: Haunted England*, Londres: Allen Lane, 2008.

Libros

Callejo Jesús y Sierra Javier, *La España extraña*, Madrid: Edaf, 1997.

De Las Casas, Dianne y C. Gagatiga, Zarah, *Tales from the 7,000 Isles: Filipino Folk Stories (World Folklore)*, Santa Bárbara: Libraries Unlimited, 2011.

Frazer, James George, *La rama dorada: magia y religión*, nueva edición a partir de la versión original en 12 vols. México: Fondo de Cultura Económica, 2011.

Kardec, Allan, *El libro de los espíritus*, México: Editora Latinoamericana, 1967.

Lévi-Strauss, Claude. *Mitológicas*. Vol. I: *Lo crudo y lo cocido,* México: Fondo de Cultura Económica, 1968.

Ocampo López, Javier, *Mitos, leyendas y relatos colombianos*, Bogotá: Panamericana, 2001.

Pedrosa, José Manuel, *La autoestopista fantasma y otras leyendas urbanas españolas,* Madrid: Editorial Páginas de Espuma, 2004.

5

ANTONIO NAVARRO WOLFF:

LUZ AL FINAL DEL TÚNEL

Yo conocí salones cenicientos,
túneles habitados por la luna,
hangares crueles que se despedían,
preguntas que insistían en la arena.
Pablo Neruda

Recuerdo que era marzo de 2019 cuando atravesé la nube de actores que se amontonaba frente a la entrada de Caracol Televisión. No había podido almorzar, iba retrasado y debía grabar la primera parte de *Blablablú*, el programa en el que trabajaba para Blu Radio.

Me dirigí hacia las máquinas expendedoras de comida, compré una Coca-Cola Zero y unas galletas Saltinas, que comí mientras caminaba hasta un ascensor que me llevó al sexto piso. Avancé dos pasos, revolví mi billetera y puse mi carnet sobre un lector de seguridad. La puerta de cristal se desbloqueó y se abrió de par en par. Adentro, media docena de periodistas redactaban informes bajo un techo de metal atravesado por cables y lámparas blanquecinas.

Dejé mi morral entre un cajón del escritorio que compartía con Simón Hernández, me crucé con Jorge Alfredo Vargas y observé a mis compañeros dentro de la cabina. Saludé al operador del máster y me puse los audífonos. Sonaba *Are You Gonna Go My Way*, de Lenny Kravitz. Mauricio Quintero, el director del programa, me entregó una hoja con el orden del día y me señaló una silla en donde descansaba Antonio Navarro Wolff, que tenía puesto un saco verde y una camisa blanca.

Una luz indicó que estábamos al aire. Navarro apagó su teléfono. Quintero lo presentó como precandidato a la Alcaldía de Bogotá y le preguntó sobre sus propuestas contra la inseguridad y la corrupción. Parecía una entrevista de rutina hasta que Tata Solarte le mostró en su celular un video en el que él aparecía bailando salsa con la prótesis de su pierna izquierda.

Navarro levantó los brazos, miró al techo y respondió con entusiasmo: "Lo que pasa es que yo sobreviví a un atentado que me destrozó el lado izquierdo del cuerpo: ¡yo conocí el túnel de la muerte!". Me quedé atónito. "*¡El túnel es real!*", remató con vehemencia.

Al terminar la grabación, me le acerqué y le pedí una entrevista para *Más Allá*, el show de televisión que dirigía en Redmas, de periodismo de misterio. Me entregó sus números de contacto y se los di a Yoana Arenas, quien me consiguió una cita para la semana siguiente.

El día de la cita, terminé la clase que dictaba en la Universidad del Rosario y entré a la estación Santafé de Transmilenio. El bus estaba repleto, por lo que tuve que hacerme al costado de un hombre que imitaba a José Luis Perales y al mismo tiempo arrastraba un parlante con ruedas. Empecé a sentirme sordo, las vibraciones de su voz martillaban mis tímpanos mientras las sombras de los edificios del norte de la ciudad se estiraban sobre las ventanas.

Observé el reloj y me di cuenta de que, de nuevo, iba tarde. El bus tomó la carrera 30 y se sumergió en un deprimido. El sol desapareció y fue remplazado por una oscuridad espesa. Las luces se encendieron entre la penumbra.

Un ventarrón de aire fresco se coló por la cabina y el conductor aumentó la velocidad mientras los *stop* de los automóviles se perdían en la distancia, como si fuesen rescoldos encendidos. La carrera 30 parecía un río de motos y personas solitarias.

Una voz electrónica anunció que habíamos llegado a la estación de la calle 26. Me abrí espacio hasta la salida y escalé el puente peatonal. Un cielo plomizo cubría Bogotá; observé mi celular y me di cuenta de que tenía una gran cantidad de llamadas perdidas. Busqué la dirección y me dirigí rápidamente al lugar de la cita.

Encontré la camioneta de Redmas frente a una antigua casa de ladrillo del barrio La Soledad. Yoana estaba en la puerta junto al camarógrafo, que lucía angustiado. Fuimos hasta la recepción y nos indicaron que subiéramos hasta el segundo piso, en donde una mujer nos llevó hasta una oficina.

—Este es el espacio que tenemos para la entrevista —dijo en tono blando—. El candidato está ocupado, pero viene en segundos —puntualizó.

Subimos los equipos y empezamos a cambiar todo de lugar; bajamos un gran lienzo con representaciones abstractas que estaba en el corredor y lo colocamos detrás de un sofá de cuerina, que arrinconamos contra una pared. La mujer nos miraba nerviosamente.

Navarro asomó la cabeza: "Si no están listos, no podemos comenzar", dijo, antes de volver a desaparecer por la puerta.

El camarógrafo instaló las luces. Les puso un filtro sintético que irradió el espacio con un tono azulado, como el que se ve en las radiografías. Navarro regresó, nos miró presuroso y tomó asiento. Le pusieron un micrófono de solapa mientras se acomodaba y concentraba su mirada en el lente de la cámara.

—Doctor, esta entrevista es para hablar sobre su experiencia cercana a la muerte —le informé con tono respetuoso.

La tensión se disolvió, su cuerpo se relajó y sus ojos se volvieron más azules y profundos.

—Empecemos —dijo, y los reflectores se encendieron sobre nosotros como cuando una luz atraviesa una caverna.

ANTONIO NAVARRO WOLFF

¿Quién es Antonio Navarro?
Yo nací en la ciudad de San Juan de Pasto en 1948, en un hogar lleno de hijos. Fui el primogénito de cuatro hombres y tres mujeres. Así eran las familias de ese tiempo; mi mamá fue una mártir, que estuvo embarazada durante nueve años de su vida.

¿Qué recuerdo tiene de sus primeros años?
Todavía recuerdo cuando todo se llenaba de ceniza: los árboles, las aceras, los jardines. Del volcán Galeras bajaban nubes de ceniza.

¿Tiene algún recuerdo especial del colegio?
Cuando estaba en primero me nombraron batutero de la banda de guerra; marchaba adelante y marcaba el paso. La batuta era de las hermanas franciscanas y recuerdo que era grande, pesada y maciza. Era un colegio para niñas que tenía kínder y primaria para niños.

¿A qué se dedicaba su familia?
Mi papá era un hombre de negocios que tenía una agencia de telas Coltejer, pero le dio por sembrar cebada. Invirtió un montón de plata, consiguió unas tierras alquiladas y las sembró de arriba a abajo, hasta que llegó una plaga que se llamaba tornutillo del centeno que dañó toda la cosecha y nos tocó irnos a vivir a Cali.

Cuando uno se muda de ciudad, muchas cosas cambian. ¿Qué fue lo más complicado para usted?
Al comienzo me matricularon en el colegio San Luis Gonzaga, pero a mi papá no le gustó y me trasladó al Santa Librada, que

llamaban "Santa Pedrada" por los problemas y las peleas que se armaban a la salida.

Muchas personas dicen que por esa época usted se destacó por ser buen estudiante. ¿Es verdad?
En ese tiempo era un *nerd* total; nunca presenté un remedial ni una habilitación. En el Santa Librada estudié todo el bachillerato y me dieron la medalla general Santander, por ser el mejor estudiante de mi promoción.

Muchas personas toman elecciones que cambian su vida al terminar el colegio; ¿qué decisión tomó usted?
Decidí estudiar Ingeniería Civil porque me gustaban las matemáticas y la física, pero no había facultades en Cali. Me puse a buscar y descubrí que había Ingeniería Sanitaria en la Universidad del Valle. Me inscribí, pasé el examen y me dediqué a estudiar.

¿Solo a estudiar?
Sí, hasta que llegó el 19 de abril de 1970, cuando se presentó un fraude electoral en contra del general Gustavo Rojas Pinilla, que iba ganando las elecciones, cuando declararon toque de queda y proclamaron a Misael Pastrana presidente. Después de ver esa trampa me interesé por luchar contra la injusticia, pero no existía ningún movimiento que me cautivara: las Farc eran línea Moscú, eso no me gustaba. El EPL era marxista-leninista, línea Pekín... ¡menos! El ELN, guevaristas, línea La Habana. Entonces me alejé de eso, me llamaron de la fundación Rockefeller de Nueva York, me dijeron que trabajara para ellos y acepté.

¿Qué hizo luego de trabajar con los Rockefeller?
Entré a trabajar como docente en la Universidad del Valle. Habían traído un computador gigantesco, un IBM 1130 que se progra-

maba con tarjetas perforadas, operado por un profesor que venía de intercambio del Instituto Tecnológico de Massachusetts, quien armó un grupo de *nerds* en el que me metí. El profesor nos enseñó lenguajes de programación como COBOL y FORTRAN IV, que casi nadie dominaba, por lo que me nombraron profesor.

Le estaba yendo bien.
Me estaba yendo muy bien en todos los aspectos; tan bien que me dieron una beca y me fui a estudiar a Inglaterra en 1976, a un pueblito del Midlands en donde había un colegio de ingenieros de Loughborough University. Un par de años después volví y me nombraron decano. Luego el International Development Research Center de Canadá me escogió como asesor, y viajé a Guyana y Honduras para ayudar a mejorar las condiciones de vida de las comunidades más pobres. Me estaba yendo muy bien, cuando aparecieron unos señores en los periódicos y las noticias, con un mensaje nacionalista. Era el M-19.

¿Y usted los buscó o ellos lo buscaron?
Yo empecé a buscarlos y a contactarlos.

¿Entonces qué pasó?
Entonces terminé dejando todo: la plata, el carro, la casa, la beca. Fue una decisión por convicción. Mi familia se enteró cuando ya hacía parte del movimiento y estaba en la clandestinidad; ahora pienso que esa decisión no me salió barata.

Una de las experiencias más duras que sufrió fue cuando lo torturaron. ¿Cómo fueron esas semanas?
En 1980 me capturaron en Flandes y me llevaron al Cantón Norte en Bogotá; allí pasé veintiún días, los veintiún días más

duros de mi vida. Sufrí golpes, hambre, no me dejaban dormir. Se escuchaban gritos, quejidos. Entonces me dije a mí mismo: "Soy una persona, tengo dignidad y saldré de aquí con dignidad". Unos meses después me llevaron a La Picota, en donde duré dos años. Las torturas fueron tan intensas que cuando llegué a la celda sentí que era un lugar hermoso, precioso, radiante, cuando en realidad era una olla.

¿Cuántos años permaneció en el M-19?
Duré doce años en el M-19. No me arrepiento, pero nos dimos cuenta de que era una equivocación y tomamos la decisión de firmar un acuerdo de paz desde inicios de los años ochenta.

En esa época usted ya hacía parte de la dirección nacional. ¿Qué rol tuvo en las negociaciones?
Durante el gobierno de Belisario Betancur yo era negociador principal.

El presidente Betancur fue un entusiasta de la paz. Se dibujaron palomas blancas por todo el país y se iniciaron conversaciones con todas las guerrillas. Aun así, fue una época de guerra sucia en la que usted sufrió un atentado. ¿Qué pasó?
En 1985, en Cali, cuando estábamos haciendo una negociación de paz con el Gobierno, me tiraron una granada mientras estaba en una cafetería desayunando. La granada me estalló a un costado de la pierna izquierda; me entraron ciento treinta y seis esquirlas, que me destrozaron el pie, me perforaron los brazos y me atravesaron el cuello, dañándome el habla. Me dejaron muy mal. Los compañeros me cargaron y me llevaron al hospital Universitario del Valle, en donde me internaron en cuidados intensivos hasta que nos dijeron que venían a rematarme.

¿Y ahí qué hicieron?
Entonces consiguieron un avión, me transportaron al aeropuerto y me llevaron a México.

¿Qué pasó en México?
Llegué a Ciudad de México, al hospital Ángeles Mocel, en la zona de Chapultepec. Allí me internaron, examinaron mis heridas, me amputaron los dedos, el pie y al final la pierna izquierda. Fue un momento muy duro, muy duro y doloroso, pero me fui recuperando, hasta que me aplicaron dipirona intravenosa y sufrí un *shock* de resistencia al medicamento que me dejó, literalmente, en el túnel de la muerte.

¿Estaba muriendo?
Sí, pero estaba consciente.

Cuando uno lee y escucha los testimonios acerca del túnel, los testigos narran que flotan, que ven una luz y que no sienten calor ni frío.
Al principio se siente angustia, luego todo se va alejando y uno va quedando tranquilo; todo se va quedando quieto y uno va entrando en una especie de túnel que envuelve todo. La luz se va alejando, muy despacio, hasta convertirse en un punto.

Muchas personas que dicen haber estado en el túnel recuerdan haber experimentado una profunda sensación de paz y tranquilidad. ¿Usted qué sintió?
Cuando se habla del túnel de la muerte eso es, literal, una experiencia plácida, súper placida. Me sentía muy bien y me sentía muy contento de avanzar, de flotar dentro de él.

¿Cómo regresó?
Estaba conmigo un médico, primo mío, que se había ido conmigo a México, que se dio cuenta de que estaba experimentando una alergia extrema al medicamento y empezó a hablarme para que no me fuera; me decía: "Antonio, Antonio". Yo tenía puesta una bolsa intravenosa de suero fisiológico y sentía cómo la presionaba para que me entraran chorros por las venas. "No te vayas, abre los ojos, Antonio", decía, y así me fue sacando.

Algunas personas afirman haber visto a un familiar difunto o un ser luminoso al otro lado del túnel. Varios incluso han llegado a entablar conversaciones con esas entidades. ¿Usted pudo ver algo similar?
Como en ese momento salí de ese lugar, no puedo decir qué hay al otro lado del túnel, porque no pude verlo ni llegar allí; nunca vi qué había al final.

Muchas personas cambian luego de vivir una experiencia como la suya. ¿Qué cambio en usted?
Yo creo que desde ese momento le perdí un poco el miedo a la muerte, porque no es una experiencia dolorosa, fea o que provoque malestar.

¿Cómo es la muerte?
Cuando uno pasa el umbral inicial se empieza a sentir bien.

Aun así, la muerte es un hecho intenso. ¿Le sigue doliendo la muerte?
El día más triste de mi vida fue la muerte de mi hijo. También fue dolorosa la muerte de Carlos Pizarro en 1990, a quien asesinaron cuarenta y cinco días después de firmar el acuerdo de paz.

Era nuestro candidato presidencial, iba en un vuelo de Bogotá a Barranquilla cuando un sicario le disparó en la cabina. Yo era su suplente; me tocó ir al hospital y vivir la tragedia. Fue un momento muy difícil porque estábamos en pleno proceso de paz y había mucha incertidumbre, pero al final comprendimos que los asesinos eran personas diferentes al Gobierno y seguimos adelante. Cumplimos la palabra y mantuvimos el acuerdo.

Fueron momentos duros...

Yo heredé la candidatura de Pizarro y me empezaron a llegar sufragios que decían: "Tan buena persona que era Navarro, lástima que ya esté muerto". Entonces me encerré en una casa durante treinta y cinco días y no pude volver a salir hasta que pasaron las elecciones. Enseguida me nombraron ministro de Salud y luego surgió la Asamblea Nacional Constituyente de 1991.

Después de todos estos años, ¿qué queda?

Yo primero pido perdón por cualquier daño que pudiera haber hecho, pido perdón por todo. Una tarde llegó a mi oficina del Senado un señor que se presentó como sargento retirado con una lista en la que estaban los nombres de los que planearon mi atentado. Estaba enojado porque lo habían echado del Ejército y quería vengarse. Entonces yo le dije: "No, la guerra ya terminó para mí". Cuatro meses después entró a una sucursal del fondo de pensiones del Ministerio de Defensa y amenazó con matar a todos los que esperaban turno. La guerra no trae nada bueno.

Se puede perdonar, pero las cosas no quedan igual. ¿Se puede dialogar con quienes nos han hecho daño?

Cuando yo era gobernador de Nariño, llegó a trabajar un señor que después identifiqué como uno de los que me hicieron el atentado que me llevó al túnel, y trabajamos sin problema, lo que demuestra que sí se puede perdonar. El perdón es gratis; se puede trabajar juntos.

¿Piensa que va a volver a encontrarse con todos sus amigos y familiares que ya no están con nosotros?
No creo que vaya a encontrarme con ellos, pero el túnel de la muerte es una realidad. Existe y todos vamos a tener que pasar por él.

EL TÚNEL DE LA MUERTE

Lejos de ser una anomalía, la experiencia relatada por Antonio Navarro Wolff es una situación que se repite en casi todas las culturas que creen en la trascendencia y la vida después de la muerte.

Durante milenios los encargados de la medicina y la religión, los antiguos chamanes, inducían el estado de trance en sus cuerpos mediante plantas, toxinas o técnicas de meditación que les permitían experimentar la otra realidad: el mundo de los espíritus.

Es un mundo lejano a nuestra realidad que aparece plasmado en una de las primera muestras artísticas de la humanidad, los fabulosos dibujos de la cueva Leang Bulu Sipong de la isla de Sulawesi (Indonesia). Estas imágenes fueron analizadas por un equipo de arqueólogos de la Universidad Griffith (Australia) en 2014, quienes descubrieron una serie de pinturas, entre las que se destacan ocho figuras humanoides, de aspecto desproporcionado, que tendrían cuarenta mil años de antigüedad.

Estas figuras parecen representar personajes sobrenaturales que, según el profesor Adam Brumm, quien dirigió el estudio, "pueden ser la prueba más antigua de nuestra capacidad de concebir cosas que no existen en el mundo natural, un concepto básico sobre el que se apoya la religión moderna"[33]. Se trata de

33 Brumm (2019, p. 443). La traducción es del autor.

un descubrimiento que nos lleva a pensar que el pensamiento mágico y religioso que encierra el concepto de la vida después de la muerte ya estaba presente en las creencias de las primeras sociedades humanas.

Es de suponer que este tipo de creencias también moldearon los sistemas religiosos de las grandes civilizaciones del mundo antiguo, donde las representaciones de "la otra realidad" se funden con epopeyas y leyendas mitológicas.

Uno de estos mitos es el inframundo griego, al que viajaban las almas luego de su *Ekphora* o entierro, y que fue mencionado por filósofos como Platón. En las últimas páginas de la *República*, narra la historia de un soldado llamado Er, quien retornó a la vida durante su velación y les contó a sus familiares lo que había visto en el reino de la muerte. Según Er, apenas uno muere se despierta en una extensa llanura que desemboca en dos caminos, a los que son enviadas las almas luego de que un grupo de jueces examinan sus acciones en vida. Uno conduce al cielo y el otro desciende hasta el Tártaro, en donde los malvados son atormentados por toda la eternidad.

En la *Odisea*, Homero describe al Tártaro como un lugar donde el tiempo posee la consistencia de un sueño. En la *Eneida*, el poeta Virgilio relata que los espíritus estaban obligados a cruzar el río Estigia sobre la barca de un anciano llamado Caronte, que les cobraba una moneda que les sacaba de la boca o debajo de los párpados, en donde se las dejaban sus familiares durante los ritos fúnebres. Al llegar al otro lado, se deslizaban entre las puertas del inframundo, que estaban resguardadas por una criatura de tres cabezas, cola de serpiente y cuerpo de perro llamada Cerbero, que evitaba que los muertos escaparan al reino de los vivos.

Es precisamente alrededor del mito del inframundo que encontramos una de las primeras referencias al túnel de la muerte, en la historia de Orfeo. Según la leyenda, Orfeo era un cantante y músico excepcional, capaz de hacer llorar a los hombres y apaciguar a las bestias, que se enamoró por completo de una ninfa llamada Eurídice, con quien iba a casarse. Eurídice fue atacada por un sátiro, que intentó violarla mientras paseaba por un bosque, y la hizo caer en un pozo, en donde la mordió una serpiente que le provocó la muerte.

Desesperado, Orfeo viajó al mundo de los muertos y conmovió a Hades con las notas de su lira: el dios del inframundo le entregó el alma de Eurídice con la condición de que no mirara atrás hasta que llegaran a la superficie. El músico aceptó y se internó por una gruta nebulosa, en la que flotaban miles de espíritus que se deslizaban entre las sombras sin producir ningún ruido.

Luego de varios días, Orfeo vio la luz al final del túnel; sintió el aire tibio de la superficie y el graznido de las aves rebotando contra las paredes, pero no escuchó a su amada, pues las almas no pesan ni respiran. "Los dioses son traicioneros", pensó, y volteó la cabeza para ver cómo Eurídice se desvanecía entre las grietas, como si fuese succionada por un torbellino invisible, perdiéndose para siempre. La historia de Orfeo y Eurídice nos habla de la imposibilidad humana de vencer la muerte, y al mismo tiempo nos proporciona una representación primigenia del túnel de la muerte.

Dicho túnel era para muchos una realidad tangible que atraía a cientos de peregrinos hasta la antigua ciudad de Hierápolis, ubicada en Frigia (Turquía), en donde se creía que estaba ubicada la "puerta del infierno": un pasadizo que se menciona en antiguas escrituras, por el cual se podía descender hasta el reino del dios Hades, en el corazón de la Tierra.

Lejos de la leyenda, los arqueólogos lograron establecer que la verdadera "puerta del infierno" fue un templo construido a la entrada de una cueva hace más de dos mil años, del que surgían vapores que inhalaban antiguos sacerdotes que, según el historiador griego Estrabón, sufrían profundos trances y experiencias cercanas a la muerte. Él además aseguró que "el túnel estaba lleno de un vapor tan brumoso y denso que apenas dejaba ver el suelo. Cualquier animal que entraba moría de forma instantánea"[34].

Este lugar fue considerado metafórico por algunos historiadores, hasta que fue descubierto por arqueólogos de la Universidad de Salento, en el 2011. Durante los estudios, el biólogo alemán Hardy Pfanz y su equipo, de la Universidad de Duisburg-Essen, encontraron un sistema de fisuras en las paredes del túnel que destilaban dióxido de carbono a un nivel tan alto que podrían causar la muerte a pequeños animales, confirmando así las afirmaciones de Estrabón sobre los trances de los sacerdotes.

Asimismo, se encontraron manchas de hollín sobre las rocas, que permitieron establecer que grupos de personas se introdujeron entre las emanaciones tóxicas con antorchas y objetos rituales en búsqueda de experiencias sobrenaturales.

Estas búsquedas se ven representadas en el arte del Renacimiento europeo, en el que antiguos maestros plasmaron sus visiones espirituales en obras que proyectaban el tránsito a la vida eterna mediante túneles o cavernas poblados de ángeles y demonios. Son obras que exploraban la creencia en el paraíso, el cielo, el purgatorio, el limbo y otras esferas cósmicas a donde habitarían las almas de quienes fenecían, según los dogmas católicos.

La Ascensión al Empíreo de El Bosco, elaborada entre 1500 y 1504, es un ejemplo de estas representaciones, pues muestra a un grupo de difuntos acompañados de seres angelicales que flotan entre un túnel cilíndrico, en cuyo final puede verse una silueta humanoide, envuelta en un halo de luz que irradia amor y paz. Esta es una visión sobrecogedora de la vida después de la muerte, que retrata al túnel con la misma intensidad que lo describen miles de personas que, como Antonio Navarro Wolff, aseguran haberlo recorrido.

34 Callejo (2017, p. 224).

Otro ejemplo son los misteriosos grabados de Gustave Doré, quien, en el siglo XIX, realizó una serie de ilustraciones en 1861 para una edición especial de la *Divina comedia*, la obra de Dante Alighieri que narra el viaje de Dante al infierno y el purgatorio, de la mano del poeta Virgilio. En sus trazos, Doré nos presenta un mundo sobrenatural repleto de entidades diabólicas que termina en una asombrosa lámina en la que innumerables arcángeles giran creando un túnel, iluminado por una energía divina que se proyecta desde un punto elevado y distante[35].

Al margen de las leyendas y las representaciones del mundo antiguo, el túnel de la muerte es un fenómeno surgido en la modernidad, gracias a los avances de la medicina y las técnicas de resucitación, que han salvado la vida de miles de personas que estuvieron al borde de la muerte y retornaron para contar su experiencia.

EL TÚNEL Y LAS EXPERIENCIAS CERCANAS A LA MUERTE

El túnel es uno de los elementos más repetidos en las experiencias cercanas a la muerte, que han sido definidas como los recuerdos de personas que aseguran haber vivido acontecimientos sobrenaturales mientras estaban agonizantes o clínicamente muertas, sucesos que desafían las leyes de la ciencia moderna.

Son experiencias que, durante siglos, fueron registradas como anécdotas, mitos o leyendas, hasta la llegada de las actuales técnicas de resucitación cardiopulmonar, que se hicieron comunes a partir de la segunda mitad del siglo XX. Por aquella época, algunos médicos quedaron desconcertados cuando los moribundos se despertaban relatando historias fantásticas que creyeron que eran producto de la anestesia o de una interacción entre medicamentos.

35 Alighieri (1868) en Barriga (2006).

Estas historias llegaron a interesar a investigadores como Raymond Moody, un psiquiatra y licenciado en Filosofía de la Universidad de Virginia, quien publicó en 1975 el libro *La vida después de la vida*, que recopila una serie de testimonios de personas que aseguran haber estado en los límites de la otra existencia.

Para Moody, lo primero que se percibe al fallecer es una deformación del espacio y el tiempo y una "memoria panorámica": una especie de película en la que se visualizan los momentos más importantes de la vida que provocan sentimientos desbordantes. Enseguida los testigos afirman verse envueltos en un túnel de oscuridad que transmite una profunda paz, mientras flotan hacia un punto de luz, en donde son recibidos por amigos o familiares fallecidos.

Según el psiquiatra, algunas de las personas se sintieron deprimidas al regresar, pues extrañaban el bienestar que habían experimentado dentro del túnel. Aun así, la mayoría perdió el miedo a la muerte y el interés en la religión, pues sus creencias personales se vieron afectadas por las visiones que experimentaron mientras se encontraban a punto de fallecer.

Estas descripciones resultan enigmáticamente similares a las de muchas personas que no tuvieron contacto con los libros o la obra de Moody. Es el caso del escritor y dramaturgo español Antonio Gala, quien en sus memorias, publicadas bajo el título *Ahora hablaré de mí*, cuenta cómo el 21 de mayo de 1973 sufrió una perforación en el duodeno que lo sumió en un estado comatoso que lo llevó a otra dimensión, en donde pudo sentir "una tiniebla que se adelgazaba hasta convertirse en un túnel. En donde al final había una luz tamizada, como el oriente de una perla, no deslumbrante, no cegadora. Y, en medio de esa luz, una sonrisa". Identificó que esta sonrisa pertenecía a su padre, que surgía entre el aire mientras experimentaba una "memoria panorámica", que lo llevó a los primeros años de su vida. "Lo que yo vi no tenía nada de grandioso ni de importante ni de significativo según el sentido habitual. Nada de lo que yo hubiese considerado digno de recuerdo en mi vida estaba allí: lo que había eran gestos corrientes... Mi padre enseñándome a cerrar los ojos para buscar el sueño, a sonarme la nariz"[36], escribió el dramaturgo.

Sin duda fue una experiencia similar a la relatada por Navarro Wolff y a la que vivió la actriz norteamericana Sharon Stone, quien sufrió un accidente cerebro-vascular en el 2001 que desatendió en un principio: "Tenía un dolor de cabeza realmente fuerte, pero no fui al hospital. Fui solo hasta el tercer o cuarto día de mi derrame. La mayor parte de la gente muere. Tenía un 1% de posibilidades de sobrevivir cuando me operaron, y durante un mes no supieron si viviría" dijo a la revista *Variety* en el 2019[37]. En una entrevista al *Daily Express*, la actriz reveló que vivió una experiencia cercana a la muerte: "Fue como si me dispararan en la cabeza. Creían que tenía un vaso sanguíneo roto y que me había desangrado. Pasaron nueve días y no mejoraba. En la siguiente operación, encontraron una arteria que estaba bombeándome sangre al cerebro. Utilizaron platino para cortarlo. Estuve muy cerca de morir durante un momento y vi la luz blanca. Vi a personas que sabía muertas y parecía que estaban vivas"[38].

Este caso describe hechos similares a los narrados en 1992 por Elizabeth Taylor durante el programa de Oprah Winfrey, cuando aseguró que había vivido una experiencia cercana a la muerte después de ser sometida a una cirugía de espalda en 1962, en la que sufrió una serie de complicaciones que la llevaron a un paro cardiorrespiratorio.

La actriz afirmó que despertó de la anestesia mientras se desprendía de su cuerpo, observando el quirófano y a los doctores que trataban de revivirla. Enseguida, el mundo se fue alejando

36 Gala (2001, p. 214).

37 Herman (julio de 2019).

38 Pearce (9 de julio de 2012).

y el universo tomó la forma de un cono alargado y gris, en cuya punta había una fuente de luz en la que pudo reconocer el rostro de Mike Todd, su tercer esposo, quien había muerto en un accidente aeronáutico en 1958 y quien le pidió que se alejara de la luz: "Tienes que volver", le dijo, "tienes mucho por hacer, Elizabeth, y tienes que luchar", remató Todd. Enseguida el cuerpo de Taylor se llenó de dolor y despertó ante los ojos de los médicos, que la habían declarado muerta.

Estas historias concuerdan con las fases propuestas por el doctor Raymond Moody, y nos llevan a reflexionar sobre las extrañas coincidencias que esconden los testimonios de aquellos que han estado en las fronteras de la existencia, que han llevado a muchos a especular que el túnel es un lugar de tránsito o un puente a otra realidad que se encuentra por fuera del espacio y el tiempo. Son misterios que han llegado a interesar a filósofos y científicos que han intentado desentrañar los secretos de este extraño fenómeno que se repite en toda cultura, religión o continente.

LA CIENCIA ENTRA AL TÚNEL

Desde la publicación de los libros de Raymond Moody, el túnel de la muerte ha despertado posiciones encontradas entre la comunidad científica. Docenas de equipos afiliados a universidades e institutos han realizado cientos de investigaciones que han llegado a diferentes conclusiones.

En 1993, la doctora Susan Blackmore publicó su libro *Dying to Live: Near-Death Experiences*, en el que sostiene que el "túnel" es producto de la privación de oxígeno que sufre el cerebro en el momento de la muerte, que causa síntomas como euforia desmesurada, alucinaciones auditivas y visiones similares a las experimentadas por pilotos de aviones de combate cuando se encuentran sometidos a altas velocidades.

Este tipo de patología se denomina "hipoxia hipóxica" y causa que los brazos y las piernas se pongan azules y sufran espasmos musculares, y al mismo tiempo se produce una disminución del campo visual que ocasiona una visión gris o de túnel, parecida a la descrita por quienes han tenido experiencias cercanas a la muerte.

Según Blackmore, estas visiones surgirían debido a que las células de la retina responden ante la carencia de sangre generando fosfenos, similares a las manchas luminosas que observamos cuando nos presionamos los ojos, que darían paso a un círculo luminoso que iría cerrándose a medida que pierden oxígeno; esto podría darnos la impresión de que nos desplazamos en el aire, pues el cerebro interpreta de esa manera las señales que recibe.

Este postulado, que niega la existencia del espíritu y la trascendencia, ha sido denominado "hipótesis del cerebro agonizante" (*dying brain hypothesis*) por la doctora Blackmore y ha sido acogido por gran parte de la comunidad científica en la actualidad.

En 2017, un grupo de investigación de la Universidad de Lieja entrevistó a 154 personas que habían pasado por una experiencia cercana a la muerte. Encontraron que el 80% de los participantes afirmaba haber experimentado un estado de profunda paz, el 69% observó una luz sobrenatural, el 64% se encontró con espíritus de familiares o amigos que habían fallecido, el 5% afirmó que pensaba más rápido y un 4% aseguró haber recibido mensajes proféticos. Estas son estadísticas cuyas temáticas resultan similares a las fases propuestas por el doctor Moody y que demuestran la diversidad del fenómeno.

Charlotte Martial, directora del estudio, afirmó a la prensa: "Nuestros hallazgos dan a entender que las experiencias cercanas a la muerte pueden no incluir todos estos elementos, y los elementos tampoco aparecen en un orden fijo"[39].

39 Redacción *Sputniknews* (27 de julio de 2017).

Estas fases podrían tener una experiencia biológica, según Jimo Borjigin, profesora de Neurología de la Universidad de Michigan, quien dirigió un estudio en el 2013 en el que pudo establecer que el cerebro podría funcionar un tiempo después de la muerte. Los científicos llegaron a esta conclusión luego de someter a nueve ratas de laboratorio a un paro cardiaco inducido, cuyos cerebros mostraron un aumento de la actividad cerebral treinta segundos después de su muerte. "Nos sorprendimos por los altos niveles de actividad. De hecho, al borde de la muerte, muchos marcadores eléctricos conocidos exceden los niveles encontrados en el estado de vigilia"[40], afirmó George Mashour, profesor de Anestesiología y Neurocirugía en la Universidad de Michigan. Esto podría significar que las visiones de los moribundos podrían ser producto de la actividad cerebral que se desata durante la agonía y la muerte.

Por otro lado, los neurocientíficos Olaf Blanke y Sebastian Dieguez, de la Universidad Metropolitana de Manchester, publicaron en el 2015 un estudio en el que afirman que existen dos tipos de experiencias cercanas a la muerte, que estarían relacionadas con la estructura cerebral de cada persona. El primero está relacionado con el hemisferio izquierdo del cerebro, que, al quedar sin oxígeno, produciría la sensación de flotar; el segundo se relaciona con el hemisferio derecho del cerebro, que produciría alucinaciones auditivas que incluirían voces, silbidos o música.

De acuerdo con la propuesta de Blanke y Dieguez, la interacción entre las zonas del cerebro y el lóbulo temporal en el momento de la muerte crea las sensaciones descritas por los testigos. Aun así, el estudio sostiene que al menos un tercio de la gente que ha enfrentado una situación cercana a la muerte ha reportado experiencias como la luz al final de un largo túnel, lo que sigue constituyendo un misterio.

40 Arbor (12 de agosto de 2013).

EN LOS CONFINES DE LA OSCURIDAD

Al final, luego de recorrer explicaciones místicas y científicas, de repasar testimonios y opiniones, solo nos queda la duda. La misma duda que alimenta las esperanzas de miles de personas que se enfrentan a la muerte y esperan encontrarse con sus seres queridos. Hombres, mujeres y niños perdidos entre el río del tiempo, cuyas sombras nos acompañan y guían.

Estas sombras se extienden a los versos de Antonio Machado, quien dejó plasmadas sus creencias al escribir que "La muerte es algo que no debemos temer porque, mientras somos, la muerte no es, y cuando la muerte es, nosotros no somos"[41]. En este sentido, la pregunta adecuada no sería cuestionarnos si estas experiencias son reales, pues son una realidad tangible que puede ser documentada y clasificada. Las preguntas pertinentes deberían ser: ¿qué son?, ¿por qué están allí? y ¿por qué personas de diferentes religiones, culturas y creencias encuentran el mismo túnel, la misma luz, la misma sensación de flotar?

Son preguntas que yo mismo me formulaba en silencio, mientras Navarro se quitaba el micrófono y se levantaba de la silla. Alguien desconectó los reflectores, y la ventana que se encontraba sobre mis hombros dejó pasar un hilo de luz que alumbró mi abrigo. Tomé valor, miré al político y le lancé una última pregunta:

—Doctor, ¿lo que usted dice es cierto?

—Es real, el túnel de la muerte existe y todos vamos a tener que atravesarlo —dijo, antes de salir de la habitación.

41 Redacción *La Provincia* (22 de febrero de 2016).

BIBLIOGRAFÍA

Artículos

Arbor, Ann, "Estudio en animales: Elevada actividad eléctrica en el cerebro después de la muerte clínica", *Universidad de Michigan en Español*, 12 de agosto de 2013. Disponible en: https://espanol.umich.edu/noticias/2013/08/12/estudio-en-animales-elevada-actividad-electrica-en-el-cerebro-despues-de-la-muerte-clinica/

Barras, Colin, "This Roman 'gate to hell' killed its victims with a cloud of deadly carbon dioxide", *Science*. Febrero, 2018. Disponible en: https://www.sciencemag.org/news/2018/02/roman-gate-hell-killed-its-victims-cloud-deadly-carbon-dioxide

Blanke, Olaf; Faivre, Nathan y Dieguez, Sebastian, "Leaving Body and Life Behind: Out-of-Body and Near-Death Experience", *The Neurology of Consciousness*, eds. Steven Laureys, Olivia Gosseries y Giulio Tononi. Academic Press, 2015, pp. 323-347. Disponible en: https://www.researchgate.net/publication/282666527_Leaving_Body_and_Life_Behind_Out-of-Body_and_Near-Death_Experience.

Borjigin, Jimo; Lee, Uncheol; Liu, Tiecheng; Pal, Dinesh; Huff, Sean; Klarr, Daniel; Sloboda, Jennifer; Hernandez, Jason; Wang, Michael; Mashour, George, "Surge of Neurophysiological Coherence and Connectivity in the Dying Brain", *Proceedings of the National Academy of Sciences of the United States of America*, 110 (35), 2013, pp. 14432–14437. Disponible en: https://www.researchgate.net/publication/255790950_Surge_of_neurophysiological_coherence_and_connectivity_in_the_dying_brain

Brumm, Adam, *et al.* "Earliest Hunting Scene in Prehistoric Art", *Nature*, 576, 2019, pp. 442-445. Disponible en: https://www.

researchgate.net/publication/337905132_Earliest_hunting_scene_in_prehistoric_art

Herman, James Patrick, "Sharon Stone Gets Candid About Life After Her Stroke: 'People Treated Me in a Way That Was Brutally Unkind'", *Variety*. Julio, 2019. Disponible en: https://variety.com/2019/scene/news/sharon-stone-candid-about-life-after-her-stroke-people-treated-me-in-a-way-that-was-brutally-unkind-1203272568/.

Martial, Charlotte; Cassol, Héléna; Antonopoulos, Georgios, *et al.* "Temporality of Features in Near-Death Experience Narratives", *Frontiers in Human Neuroscience*, vol. 11. 13 de junio, 2017. Disponible en: https://www.frontiersin.org/articles/10.3389/fnhum.2017.00311/full

Pearce, Garth, "Sharon Stone: I've nearly died twice – now I'm making up for lost time", *Daily Express*, 9 de julio de 2012. Disponible en: https://www.express.co.uk/expressyourself/331641/Sharon-Stone-I-ve-nearly-died-twice-now-I-m-making-up-for-lost-time

Pfanz, Hardy; Yuce, Galip; Gulbay, Ahmet y Gökgöz, Ali, "Deadly CO_2 gases in the Plutonium of Hierapolis (Denizli, Turkey)", *Archaeological and Anthropological Sciences*, 2018.

Redacción *La Provincia*, "Antonio Machado, en 10 frases", diario *La Provincia*, 22 de febrero de 2016. Disponible en: https://www.laprovincia.es/cultura/2016/02/22/antonio-machado-10-frases/794506.html

Redacción *Sputniknews*, "Luz, túnel y sensación de paz: ¿son iguales todas las experiencias cercanas a la muerte?", *Sputniknews*, 27 de julio de 2017. Disponible en: https://mundo.sputniknews.com/ciencia/201707271071105930-investigacion-tranquilidad-estudio/

Rivera León, Lorena, "Mito de Orfeo", *Dilema: revista de Filosofía*, vol. 4, n.° 1, 2000, pp. 103-133.

Libros

Alighieri, Dante, *Divina comedia*, ed. ilustrada por Miquel Barceló, traducción y notas de Ángel Crespo. Barcelona: Círculo de Lectores, 2003.

---, *Divina Comedia*, París: Libraire de L. Hachette, 1868, citado en Barriga, Martha, *Ilustración gráfica y literatura: El Quijote de Gustave Doré*, Leituras Transdisciplinares de Telas e Textos, 2006. Disponible en: https://www.researchgate.net/publication/298337481_Ilustracion_grafica_y_literatura_El_Quijote_de_Gustave_Dore

Callejo, Jesús, *Grandes misterios de la arqueología: Viajes al encuentro de lugares sagrados*, Madrid: La Esfera de los Libros, 2017.

Blackmore, Susan, *Dying to Live. Near-Death Experience*. Londres: Grafton, 1993.

Gala Antonio, *Ahora hablaré de mí*, Madrid: Editorial Planeta, 2001.

García Gual, Carlos y Hernández de La Fuente, David, *El mito de Orfeo*. S.L.: Fondo de Cultura Económica de España, 2015.

Homero, *Odisea*. Barcelona: Gredos, 2019.

Moody, Raymond y Perry, Paul, *Reuniones: encuentros visionarios con los seres queridos*. Nueva York, Villard Books, 1993.

Moody, Raymond, *La vida después de la vida: la investigación de un fenómeno; la supervivencia de la muerte corporal*. San Francisco: Harper, 2001.

Platón, *La República*. Buenos Aires: Espasa-Calpe, 1964.

Virgilio, *Eneida*. Madrid: Gredos, 1992.

Obras de arte

El Bosco. (1505-1515). *La Ascensión al Empíreo*. Florencia: Palazzo Vecchio.

Programas de televisión

Elizabeth Taylor en *The Oprah Winfrey Show*, marzo de 1992.

Registro sonoro

Entrevista a Antonio Navarro Wolff, 2019, "Experiencias cercanas a la muerte, por Redmas", *Más Allá*, Canal RedMas, 2019. Fragmentos disponibles en: https://www.youtube.com/watch?v=pI2ziUZpw9Q&t=2s

Nota: algunas de las preguntas de la entrevista fueron hechas por Mauricio Quintero, director del programa *Blablablú* de BluRadio. A él, todos los créditos y agradecimientos.

6

MADO MARTÍNEZ:

EN BÚSQUEDA DE LA PRUEBA

Algunos dicen que la muerte es un sueño dulce en donde el sufrimiento se diluye y se desvanece entre océanos de luz, mientras que otros aseguran que es el inicio de un sendero que conduce a otra realidad, en donde los sentimientos y las cosas poseen formas imposibles y desconocidas para nuestro intelecto. Lugares adimensionales cuyos límites ha investigado la antropóloga y filóloga española María Dolores Martínez Muñoz (más conocida como Mado), quien ha viajado por todo el mundo en búsqueda de testimonios de personas que aseguran haber recorrido el sendero que lleva al más allá.

Sin embargo, Mado no solo es reconocida por sus investigaciones acerca de la vida después de la muerte; también lo es por artículos en revistas como *Muy Interesante, Más Allá, Año Cero, Nexus,* y por su participación en diferentes programas de televisión y radio, como *La rosa de los vientos* de Onda Cero, de España.

Son programas en los que participa para analizar sucesos y casos históricos que han llamado la atención del público, como lo han hecho sus novelas de narrativa fantástica, con las que ha ganado varios certámenes literarios.

Mado también ha estado vinculada a América, la cual ha recorrido como si fuera su casa, en busca de historias sorprendentes que la llevaron a publicar *Colombia sobrenatural*, un volumen en el que analiza los sucesos más extraños ocurridos en el país, que tuvo gran éxito entre los lectores.

No obstante, es en su libro *La prueba*, de 2016, en donde profundiza sobre la vida después de la muerte. Allí compila una serie de testimonios de personas que han vivido experiencias cercanas a la muerte (ECM), a las que tuvo acceso luego de cientos de e-mails y llamadas internacionales.

Es por esta razón, y por muchas otras, que decidí contactarla para solicitarle una entrevista que nos ayudara a complementar los testimonios reunidos en este libro, con el fin de contrastar sus conexiones y puntos en común; conexiones que se hicieron más evidentes con cada respuesta y cada pregunta que surgió de nuestra charla y que nos permiten ampliar el panorama para atravesar las puertas del misterio.

MADO MARTÍNEZ

Generalmente uno es lo que fue. En la actualidad usted es una reconocida periodista y antropóloga; ¿cómo fueron su juventud e infancia?

Crecí en un pueblo rural español llamado Monforte del Cid, en Valencia. De niña tenía un grupo de amigos, que todavía conservo, con los que salía a conquistar el mundo a lomos de nuestros caballos de hojalata, nuestras bicis. Éramos muy aventureros, nos gustaba entrar a casas abandonadas y elucubrar con la historia de esos lugares. Me encantaba leer los libros de Los Cinco, de Enid Blyton, y *Pakto Secreto*, de Stefan Wolf. En la escuela era la rara, la que con catorce años ya se había leído *Niebla* de Miguel de Unamuno y *Memorias de una joven formal* de Simone de Beauvoir; también la que había devorado *La muerte: un nuevo amanecer*, de Elisabeth Kübler-Ross. Sentía una enorme curiosidad por saber qué había detrás de la puerta. Tenía una gran sed de conocimiento. En el colegio Virgen del Remedio teníamos una asignatura de Antropología que me llevó a estudiar Filología Hispánica y Antropología, mis dos grandes pasiones.

¿Hubo algún hecho ligado a la muerte que la haya impactado durante su infancia o adolescencia?
La muerte que más me impactó fue la de mi abuelo Juan. Fue el primer ser querido que perdí. Yo tenía nueve años. Cuando me comunicaron la noticia salí corriendo; no sé adónde fui, no lo recuerdo. Solo sé que corrí a esconderme en solitario, seguramente para llorar mi pena. Creo que todo lo que nos sucede durante la infancia o adolescencia deja una huella indeleble. A veces creo que la vida es como una sucesión de pequeñas pérdidas. A eso lo llaman madurar, y casi siempre a base de palos.

¿Cómo fue su encuentro con el misterio? ¿Por qué empezó a interesarle?
Tuve la suerte de tener un contacto estrecho con mis abuelos. Eran grandes contadores de historias, y todas me parecían fascinantes y enigmáticas. El primer género literario por el que mostré interés también fue el del misterio. Tenía una mente fantasiosa, tal vez demasiado. Me gustaba inventar historias, escribir cuentos, vivir en esas palabras que yo creaba. Mi madre pensó que me iba a volver loca, como el Quijote, y me escondió todos los libros. Es decir, me prohibió leer durante una temporada, en especial la serie Los amigos de Corín Tellado. Eso de que yo fuera por ahí en bici con las trenzas al viento, con una pandilla de chicos, le debía parecer algo muy peligroso. De algún modo creyó que la mala influencia estaba en esas lecturas. Fue algo muy anecdótico.

Luego tuve un profesor en el colegio, Adolfo Lafuente, que me enseñó a meditar. Entablamos una gran amistad. Fue él quien me regaló mi primer libro de Elisabeth Kübler-Ross. Solíamos hablar de toda clase de temas filosóficos y antropológicos mientras nos tomábamos un té y escuchábamos música de Enya a la luz de unas velas. Con los años me fui haciendo las preguntas que todo el mundo se hace en algún momento, solo que, para mí, en un momento dado, se convirtieron en una auténtica obsesión: ¿por qué estamos aquí? ¿De dónde venimos? ¿Cuál es el sentido de la vida? Si lo piensas un poco, no hay mayor misterio que la creación del universo. Si miras las estrellas, y piensas en los confines del cosmos, las galaxias, los planetas, la vida en la Tierra, etc., ya estás interesándote por el misterio.

Ya como periodista, antropóloga y PhD, usted publicó una investigación sobre la vida después de la muerte titulada *La prueba*. ¿Por qué se interesó en un tema tan polémico?
Siempre he sentido fascinación por el fenómeno de las experiencias cercanas a la muerte. Me había pasado más de una década entrevistando a expertos, recogiendo testimonios y estudiando el fenómeno desde diferentes ámbitos disciplinares. Todo eso derivó en que mi trabajo de final de grado de Antropología en la universidad versara sobre las experiencias cercanas a la muerte desde el punto de vista cultural. *La prueba* es fruto de muchos años de investigación, y tal vez por eso, uno de los pocos libros sobre el tema que no se postula ni a favor ni en contra. De hecho, no aporta respuestas a la pregunta de si hay un más allá o vida después de la vida, sino información e interrogantes con los que seguir alimentando el debate. Pensé que debía compartir mis investigaciones con otras personas que, como yo, se sintieran sanamente obsesionadas por el fenómeno de las experiencias cercanas a la muerte. Por eso decidí publicar *La prueba*.

En algunos de los casos que publicó, se narra que algunas personas que vivieron experiencias cercanas a la muerte regresaron con mensajes proféticos.

Una de las cosas que más te llama la atención cuando te adentras en el fenómeno de las ECM es que muchos de los testimonios nos hablan de profecías. Es decir, no es raro encontrar relatos de personas que aseguran que, durante su experiencia, recibieron información precisa sobre eventos futuros, la mayoría de ellos relacionados con su propia vida. He entrevistado a personas que, durante ese lapso de tiempo, conocieron a la que posteriormente sería su media naranja, cómo moriría su marido, o a qué edad moriría un hijo. En este sentido, me llamó bastante la atención el caso de Mary C. Neal, una cirujana estadounidense que tuvo una experiencia cercana a la muerte a raíz de un accidente de kayak, a la que entrevisté. Mary me contó cómo durante su ECM, debatiéndose entre la vida y la muerte, tuvo un encuentro con ciertos seres que le comunicaron que todavía no había llegado su hora de morir y era preciso que siguiera viviendo, pues habría de ser un gran apoyo para su marido y sus hijos cuando uno de ellos, su hijo Willy, falleciera, a la edad de dieciocho años. Sus hijos eran pequeños por aquel entonces. De modo que Mary C. Neal sobrevivió al accidente de kayak y regresó a la vida sabiendo que su hijo, un niño perfectamente sano y lleno de vida, moriría a los dieciocho años. Murió a los diecinueve en un accidente de esquí. Aquí cada uno, evidentemente, puede pensar lo que quiera, hacerse las preguntas que desee y sacar sus propias conclusiones.

¿Ese tipo de profecías son exclusivas del mundo contemporáneo, o se han dado en la historia y en otras culturas?

Las profecías relativas a eventos futuros no son exclusivas de las experiencias cercanas a la muerte contemporáneas occidentales. También se dan en otras culturas y, por supuesto, también se daban en la Antigüedad. Por ejemplo, de acuerdo con los *Diálogos* de Aristóteles hallados en un fragmento de Al-Kindi, hubo un rey que murió y regresó a la vida prediciendo con absoluta precisión hechos del futuro.

En su investigación, usted relata que algunas personas que vivieron una ECM afirman haber regresado con dones o capacidades extrasensoriales. ¿Es eso cierto?

Yo no soy quién para certificar si alguien posee poderes psíquicos o extrasensoriales, ni creo que haya nadie en el planeta con la autoridad para hacerlo. Hasta la fecha, nadie ha podido probar la existencia de ningún poder extrasensorial, pese a los esfuerzos llevados a cabo a la hora de trasladar al laboratorio la mediumnidad, la telepatía, etc. Podemos observar el cosmos y decir que los periodos de máxima actividad solar coinciden con un aumento de las temperaturas en el planeta Tierra, pero no podemos experimentar con ellos, ni aseverar a ciencia cierta una causa-efecto directa entre ambos fenómenos, sencillamente, porque hasta la fecha no hemos sido capaces de describir y averiguar cómo sucede eso, ni demostrar esta hipótesis. Yo podría darles la píldora anticonceptiva a los varones y decir que no se quedan embarazados porque les estoy administrando la píldora anticonceptiva. Es decir, el método científico de la observación está muy bien, nos permite recopilar datos y teorizar, pero tiene sus límites. Teniendo esto en cuenta, lo único que puedo certificar es que existen personas que aseguran que, a raíz de una experiencia cercana a la muerte, han "regresado" a la vida con poderes extrasensoriales de toda índole, tales como el de la clarividencia o la mediumnidad espontánea con encargo de recado (en personas que nunca hasta entonces habían experimentado ningún episodio parecido a la mediumnidad). He entrevistado a muchas de estas personas. En su mayoría era gente corriente, sin ningún trastorno psiquiátrico diagnosticado, y en la gran mayoría de los casos, sin motivo aparente o razón oculta para mentirme.

¿Estas manifestaciones que aseguran experimentar algunas de las personas que han vivido una ECM son una un rareza?
No, no es algo raro; son miles los casos. Las experiencias cercanas a la muerte son vívidas, intensas, lúcidas. Dejan un gran impacto emocional en los individuos, hasta el punto de marcar un antes y un después en sus vidas. Algunos psiquiatras han observado que las personas que han tenido una ECM han experimentado un cambio radical en sus vidas en un abrir y cerrar de ojos: transformaciones vitales que la terapia psicológica tarda más o menos un año en conseguir en sus pacientes. Lo malo es que tampoco existen protocolos de atención psicológica especiales para las personas que han protagonizado una ECM, así que tampoco tenemos muchos estudios al respecto. Ahora bien, contamos con las investigaciones de Moody, Ring y Van Lommel, entre otros, que mencionan agradables efectos secundarios, tales como pérdida del miedo a la muerte, autoconfianza, sentido de propósito, desarrollo espiritual, aprecio por la vida, compasión por los demás y escaso interés por las cosas materiales. Hay otras personas que no solo regresan cambiadas psicológicamente, sino también físicamente, pues experimentan una remisión espontánea de una enfermedad en fase terminal, y achacan su curación a la ECM.

Durante su investigación usted viajó por todo el mundo. ¿Encontró algún elemento en común en todas las experiencias?
Los elementos más comunes en una ECM son la inefabilidad, es decir, una manifiesta dificultad para traducir en palabras la vivencia; la visión de un túnel; revisión panorámica de la vida; el encuentro con otros seres, a veces familiares fallecidos; otros, percibidos como seres guía, y en ocasiones personas vivas conocidas o por conocer;

la vuelta a la vida impuesta, forzada, negociada o voluntaria; la sinestesia; la intensidad; la visión de una puerta; la música percibida como celestial o algo extraterrenal; la experiencia fuera del cuerpo; la ausencia de restricciones físicas o psicológicas; terror o malestar; tristeza y dolor; amor y paz; desapego; sentido del destino; visiones de futuro. No se dan todos. Pueden darse algunos y otros no. Y, desde luego, las experiencias cercanas a la muerte pueden ser positivas, agradables, pacíficas y placenteras, o profundamente negativas, infernales y terroríficas. No sabemos por qué unas personas tienen ECM positivas y otras ECM negativas, de la misma manera que no podemos predecir si un individuo que consume LSD, ayahuasca o algo similar, tendrá un buen o un mal viaje, o una mezcla de ambos. Intuyo que la clave es puramente arbitraria y sugestiva. Me da la impresión de que uno "vive la muerte" del mismo modo que vive la vida al tener este tipo de experiencias.

¿La cultura, el género o la edad hacen que los testimonios y las experiencias sean diferentes?

El género y la edad no modifican la experiencia *per se*. Lo que las hace diferentes es la cultura. Hay muchos científicos a los que respeto y aprecio, con mucha experiencia en el campo de estudio de las ECM, que aseguran que las ECM son iguales en todas partes, tanto en adultos como niños, allá donde vayas, mires la época histórica que mires o la cultura de la que procedan. Curiosamente, ninguno de ellos es antropólogo, así que me escandalizo bastante cuando afirman tan soberbia y temerariamente que las ECM no obedecen a ningún patrón cultural ni tienen que ver con ningún condicionamiento preexistente. Estoy de acuerdo únicamente con que las ECM, como fenómeno, reúnen una serie de patrones y características universales, tal y como acabo de mencionar anteriormente en cuanto a lo de la visión del túnel, el encuentro con otros seres, etc. Ahora bien, la narrativa, es decir, el relato de la experiencia, ya sea narrado por niños o por adultos, sí es cultural. Es lo único cultural del fenómeno, pero tiene una importancia brutal y cambia radicalmente nuestra forma de entenderlo. Por ejemplo, en la Antigüedad grecolatina, la narrativa de los que tenían una ECM aludía al inframundo y a los dioses de la época. Las experiencias cercanas a la muerte descritas por los maya cho'orti contienen todos los elementos arquetípicos propios básicos y primordiales de su cultura; lo mismo podemos decir de las ECM mapuches.

Un niño, por muy niño que sea, es socializado en una cultura desde que nace, ve la tele, está expuesto a contenidos socializantes de todo tipo, oye conversaciones, va a la guardería, al colegio, a misa en brazos o de la mano de sus padres los domingos, etcétera. Así te explicas el relato de Colton Burpo, un niño de cuatro años que a raíz de una experiencia cercana a la muerte aseguró haber tenido una visión del apocalipsis, en la que los hombres luchaban mientras las mujeres y los niños observaban. En ese apocalipsis perecerían los que no estuvieran con Jesucristo. Este niño, de forma inconsciente, estaba estableciendo como única y verdadera la religión cristiana. Actualmente sigue divulgando mensajes con cierto delirio mesiánico. Eso se llama proselitismo religioso. ¿A nadie le llama la atención que su descripción del más allá esté preñada de elementos bíblicos, y que "el otro lado" sea un lugar donde prima la división de género, siendo los hombres quienes luchan mientras las mujeres y los niños observan? A mí me parece que ese más allá es muy parecido al más acá, especialmente al descrito en la Biblia. Si ahondas un poco, descubres que Colton era hijo de un ministro de la iglesia. Como podrás imaginar, llevaba mamando iglesia desde que era un bebé en la pila bautismal, se había criado rodeado de motivos e imágenes eclesiales, había oído hablar del apocalipsis, y tampoco sería raro que le hubieran contado cuentos bíblicos para dormir. De ese modo, entiendes que su ECM, por muy pequeño que fuera cuando la tuvo, reuniera todos esos elementos culturales cristianos en su narrativa.

En las ECM también hay narrativas de juicio final, en las que los individuos son severamente juzgados por su mala vida, y regresan con propósito de redención. En Estados Unidos eran muy habituales en décadas anteriores, en los años ochenta y noventa, aunque también había narrativas *hippies*, gente que se había impregnado del espíritu de los sesenta y setenta. En la actualidad, abundan narrativas en sintonía con la Nueva Era, en las que puedes ser el mismísimo Hitler en vida; ya que en el supuesto más allá eres igualmente amado, nadie te juzga. Más recientemente, he recogido narrativas de ECM extraterrestres.

Todas las narrativas de ECM que existen en el mundo obedecen a patrones y condicionamientos preexistentes de los sujetos, creyeran en ellos o no. Por ejemplo, puedes ser ateo, o cristiano, y vivir una ECM en la que te encuentres con Mahoma, y a raíz de ello convertirte al islam porque la experiencia te ha marcado muchísimo, pero porque previamente habías oído hablar del islam. Todas las narrativas de las ECM obedecen a patrones y condicionamientos culturales, comulgues o no con ellos. Por lo tanto, estos relatos no nos sirven para pintar un cuadro sobre cómo es el más allá, porque solo refleja cómo es el más acá de una persona (con su propio bagaje psicológico) en un momento alterado de conciencia. Es un error hacer proselitismo religioso con estas narrativas, o tomarlas como un retrato fidedigno del más allá o confirmación de una creencia religiosa, porque estos testimonios lo único que nos dicen es que el más allá es el más allá de cada cual, un más allá bastante confuso y contradictorio, y muy heterogéneo culturalmente hablando.

Las experiencias cercanas a la muerte no son el origen de los relatos religiosos, sino al contrario. Son los relatos religiosos de todos los tiempos (orientales, judeocristianos, indígenas, extraterrestres, Nueva Era, etcétera), creamos en ellos o no, los que determinan el contenido de la narrativa de las ECM. El estudio de estos factores culturales puede ser de gran ayuda a la hora de seguir ahondando en el conocimiento exhaustivo del fenómeno, y lo que hace falta son más antropólogos estudiando la materia. No culpo a los que afirman que las ECM están exentas de patrones y condicionamientos culturales, pues quiero creer que se refieren a los elementos comunes de la forma. Solo los que poseen las herramientas antropológicas adecuadas, y tras estudiar el contenido del discurso, son capaces de desvelar el componente cultural. A muchos se les escapa, porque no poseen el conocimiento antropológico necesario para captar este matiz, del mismo modo que yo carezco de los conocimientos y herramientas analíticas de las ciencias médicas, psicológicas, biológicas, neurológicas, etcétera. Por eso creo que es importante reconocer los límites y abrirse a la colaboración interdisciplinar en la investigación del fenómeno.

En conclusión, las ECM se dan en todo el mundo, y en ese sentido son universales, pero la narrativa de la experiencia está impregnada de patrones y condicionamientos preexistentes, y en ese sentido son culturales y muy personales, psicológicamente hablando. Significan mucho, culturalmente hablando, porque son un reflejo cultural de la humanidad, pero también significan mucho para el individuo, a nivel psicológico.

Recordemos que la muerte es un fenómeno común a todos los seres humanos, pero no para todo el mundo es igual, ni significa lo mismo en todas las culturas ni en todas las épocas.

¿Cuál fue el testimonio que más la impactó y por qué?

Lo que más me impacta de las experiencias cercanas a la muerte son las secuelas que dejan en las personas. Me impresiona la radicalidad de su transformación vital. Valoro enormemente la valentía de las personas que han compartido su experiencia conmigo, porque ese testimonio, ese relato, ese viaje, esa narrativa, es lo único que tenemos a la hora de decir que las experiencias cercanas a la muerte son un fenómeno real, para el que tal vez todavía no tengamos una explicación satisfactoria, pero de innegable veracidad. Hay personas que han estado a punto de morir, han salido de su cuerpo durante ese trance, han tenido una experiencia lúcida, y han podido recuperarse para contarlo. Han visto cuando tenían los ojos vendados, han descrito acertadamente cómo era la habitación, qué ropa llevaban los médicos. ¿No es fascinante? ¿Cómo es posible?

¿Cuál es el caso que considera más enigmático o inexplicable?
Me impactan profundamente las experiencias cercanas a la muerte compartidas, así como las visiones en el lecho de muerte compartidas. Es decir, aquellas vividas no únicamente por el sujeto agonizante, sino también por la persona que en ese momento se encontraba a su lado, ya fuera familiar o un miembro del personal sanitario, de las que hablo en detalle en mi libro *La prueba*.

Me intrigan enormemente los relatos de personas que regresan a la vida con una narrativa que incluye haber tenido acceso a información privilegiada (tal como haber sabido de la existencia de un familiar fallecido desconocido hasta el momento, o conocer de antemano hechos del futuro). También me llaman poderosamente la atención los casos de personas que, tras una ECM, aseguran tener poderes extrasensoriales que antes no tenían, como la clarividencia y la mediumnidad. Me choca hablar con Penny Sartori, otra gran investigadora de las ECM, y que me diga que algunos supervivientes no pueden usar relojes tras una ECM, porque se les paran. Y, desde luego, me siembran muchos interrogantes los testimonios de enfermos terminales o crónicos que experimentan una remisión espontánea tras una ECM y aseguran que ha sido, precisamente, gracias a esa experiencia. Algunos me han llegado a describir, incluso, cómo los seres con los que se encontraban los operaban y curaban.

Creo que todos estos aspectos, todavía sin explicar satisfactoriamente y a los que apenas nos estamos asomando a mirar, son los que siguen haciendo del fenómeno de las ECM uno de los mayores misterios de la ciencia, pero estoy convencida de que si los investigadores procedentes de diferentes ámbitos académicos nos damos la mano, intercambiamos información y enriquecemos el debate, podremos seguir avanzando.

¿Entrevistó a algún científico o médico al investigar la vida después de la muerte?

A lo largo de mi carrera he entrevistado, he conversado y he intercambiado información con diferentes científicos y médicos, tales como Jeffrey Long, Penny Sartori, Jimo Borjigin, Lisa Randall, Sergio Felipe de Oliveira, Julie Beischel, etcétera. Me queda una espinita clavada, y es la de no haber podido entrevistar en vida a Elisabeth Kübler-Ross, la autora del primer libro que leí sobre experiencias cercanas a la muerte y, en gran medida, la gran culpable de que yo me interesara por el fenómeno desde mi más tierna juventud.

¿Hay vida después de la muerte?

El subtítulo de mi libro es "Una investigación que demuestra la existencia del más allá", pero lo que en realidad demuestra *La prueba* es que lo único que existe es la experiencia personal, y que ese supuesto más allá, es el más allá de cada cual, una vivencia biopsicosociocultural en la que se ven los patrones y condicionamientos del individuo, tanto desde el punto de vista psicológico como cultural. Marca profundamente a los sujetos, de la misma manera que otras experiencias similares de corte místico, inducidas por las drogas, la estimulación electromagnética, la meditación, etcétera. Lo que verdaderamente me interesa del fenómeno no es saber si hay vida después de la muerte, sino lo que las experiencias cercanas a la muerte nos dicen de nosotros, tanto a nivel de humanidad, antropológicamente hablando, como a nivel personal, desde el punto de vista psicológico. No me interesa saber qué pasa después de morir, me interesa saber qué es una experiencia cercana a la muerte, entrevistar a las personas que han tenido una, y acercarme al estudio de estas haciendo que la antropología camine de la mano de otras disciplinas científicas en el camino de describirlas.

Estudios más recientes han contribuido al debate aportando evidencias de que sigue habiendo actividad cerebral después de la muerte clínica. Es muy probable que las ECM sean un producto cerebral. ¿Y qué? Eso no hace su estudio menos interesante. Recién estamos empezando a saber más sobre ese órgano que tenemos dentro del cráneo. Por otro lado, la teoría del biocentrismo del científico Robert Lanza asegura que la muerte solo existe en nuestra mente, pues es un mero producto de nuestra conciencia. Aun así, es posible que llegue un momento en el que nos falten herramientas para entender por qué tras una ECM hay personas que parecen desarrollar ciertas capacidades psíquicas, mientras que otras muestran un sentido híper desarrollado de la intuición, hasta el punto de predecir a ciencia cierta qué hechos van a acontecer. Eso tampoco significa que exista otra vida después de la muerte (ese más allá descrito por médiums como Chico Xavier, por ejemplo). Simplemente significa que, en la actualidad, debemos reconocer nuestros límites, porque todavía no hemos desarrollado las herramientas que nos permitan experimentar con las ECM y describir el funcionamiento de ciertos mecanismos y aspectos derivados de estas.

¿Qué cambió en Mado Martínez después de escribir *La prueba*?

Todo el mundo me pregunta qué es lo que yo pienso después de haber investigado las ECM durante tantos años. ¿Existe un más allá? Siempre he sido honesta al respecto. Tengo muchas dudas y reservas. ¿Por qué? Sencillamente porque cuando llevas tantos años estudiando un fenómeno, acabas con más preguntas que respuestas. Sucede del siguiente modo. Empiezas con una pregunta y le buscas respuesta, pero con cada respuesta te surgen mil nuevos interrogantes. Al margen de divulgar temas de misterio, también divulgo temas de ciencia, y esa bipolaridad me hace situarme siempre en el medio de las cosas. Intento no caerme de ningún lado de la balanza, huyo tanto del mito del subjetivismo como del mito del objetivismo. Prefiero abordar las cosas desde un punto de vista experiencialista, tal y como lo entendían Lakoff y Johnson en *Metáforas de la vida cotidiana*. Por eso recibo bofetadas en ambos cachetes. Los escépticos me acusan de crédula, y los crédulos me acusan de escéptica. La verdad es que no me interesa saber si hay vida después de la muerte, si la consciencia pervive tras el deceso o si las ECM son un producto cerebral. Lo que me interesa es entender el mecanismo, hallar una explicación al fenómeno, poder describirlo en todos sus niveles. Sin embargo, creo que, para acercarnos al estudio de las ECM, no podemos hacerlo desde un solo ámbito académico. Si queremos tener una perspectiva más global, necesitamos estudiarlas en todos sus niveles: psicológico, sociológico, neurocientífico, físico, médico, filosófico, antropológico.

Si hay algo que he aprendido escribiendo *La prueba* es que hay vida antes de la muerte y creo que merece la pena vivirla, siendo conscientes de que en cualquier momento podemos morir. Hasta donde sabemos, y mientras no se demuestre lo contrario, solo tenemos una vida, y no hay ensayo, como en el teatro, así que haz lo que tengas que hacer: enamórate, viaja, comparte con tus allegados, disfruta del momento, aquí y ahora, y date cuenta de que el verdadero misterio es la VIDA.

BIBLIOGRAFÍA

Libros

Martínez, Mado, *Colombia sobrenatural*, Bogotá: Ediciones B, 2015.

—, *La prueba: una investigación que demuestra la existencia del más allá*, Madrid: Planeta, 2016.

Entrevista

Entrevista a Mado Martínez, septiembre de 2020.

7

JUAN MANUEL CORREAL "PAPUCHIS":

VOCES DEL MÁS ALLÁ

La enfermedad y la muerte suelen verse como un boquete, un agujero negro que se traga todo y lo transforma en vacío; pero todo agujero tiene bordes, límites de los que regresan algunos afortunados, modificados en sus prioridades y en sus creencias. Una de esas historias de transformación y cambio es la de Juan Manuel Correal.

Su nombre nos remite a los años noventa, cuando los equipos de sonido reproducían las canciones de Barranco, Diomedes Díaz, Guayacán Orquesta, Soda Stereo y Rikarena; los barrios gritaban los goles de la Selección Colombia, Pablo Escobar era acribillado sobre el techo de una casa, las guerrillas destrozaban pueblos, agentes del Estado exterminaban a la Unión Patriótica y la televisión no paraba de transmitir novelas a las ocho de la noche.

Era un mundo convulso, en el que las noticias poseían la entonación de Yamid Amat, Juan Guillermo Ríos y Juan Gossaín, quienes narraban los escándalos de corrupción, los resultados de las elecciones, las proezas de los ciclistas y los atentados que ocurrían en cada esquina, cada pueblo y cada rincón del país.

Fue entonces cuando aparecieron nuevas voces con timbre hilarante, que cambiaban las letras de las canciones, hacían bromas telefónicas, sorteaban entradas a conciertos y se burlaban de políticos, deportistas y artistas.

Se trataba de un grupo de jóvenes sin mayor experiencia que ocuparon la programación de emisoras como Veracruz Estéreo, 88.9, Radioactiva, Todelar Estéreo, o La Mega, en programas como *Despiértese con Veracruz*, *El Zoológico de la Mañana*, *La Locomotora* o *El Mañanero*. Estos programas transformaron a sus conductores en personajes mediáticos: Alejandro Villalobos, Martín de Francisco, Gabriel de las Casas, Santiago Moure, Memo Orozco, Tito López, Mauricio Quintero y Andrés Nieto se convirtieron en figuras del periodismo, directores de medios, presentadores de televisión, ejecutivos, creativos y publicistas.

Entre estas estrellas de la radio se encontraba Juan Manuel Correal, quien logró posicionarse entre el público como "Papuchis", un personaje que tenía el aspecto de un joven inocentón, que interrumpía la programación con el grito de: "Yo quiero participar", con el que se coló en videos musicales, conciertos y programas de televisión.

Durante la primera década del siglo XXI, la vida de Papuchis transcurrió de forma ascendente, hasta que una serie de males lo dejó al borde de la muerte, en cuyos límites escuchó una voz que parecía provenir de otra realidad, cuyos secretos conoceremos a continuación.

JUAN MANUEL CORREAL

"Mi infancia fue una infancia maravillosa, muy feliz y divertida, en una ciudad llena de colores al lado de la frontera con Venezuela, que es la ciudad de Cúcuta, donde la gente es muy espontánea, muy dada a las bromas, a los chistes y a la 'mamadera de gallo'.

"Yo crecí en una casa llena de música, de comidas, de fiestas, de diversión; siempre fui un muchacho incomprendido porque nunca entendí por qué mi matrícula era diferente a la de los otros, y no porque fuera becado, sino porque mi matrícula siempre fue condicional, pues era indisciplinado, muy indisciplinado, aunque yo creo que había algo de mí que les agradaba a los profesores, porque me mantuvieron en el colegio hasta que me gradué.

"Así transcurrieron mis primeros veinte años de infancia, y pienso que fueron veinte años porque considero que la vida tiene etapas, y la primera etapa de mi vida fueron esos primeros veinte años. Así mis amigos empezaran a vestirse como señores, tener negocios y barba, yo siempre quise conservar mi alma de niño.

"Pero todo cambió cuando dejé mi casa para estudiar Bacteriología en la Universidad de los Andes de Bogotá, la misma carrera de la que se graduaron mis papás, que asimilé con juicio hasta que ocurrió algo misterioso y empecé a cambiar los microscopios y las placas de vidrio por los micrófonos.

"Por aquel tiempo, yo me había ido a vivir a la casa de unos tíos y empecé a pasármela con un primo que se llama Alejandro Villalobos, que tenía una miniteca, hasta que un empresario lo escuchó, se lo llevó a trabajar a una emisora y toda nuestra vida cambió.

"Como las oficinas de la estación quedaban cerca de la universidad, empecé a esperarlo a la entrada para salir a la casa: fue allí donde me escucharon hablar, me contrataron y comenzó una nueva época para mí, llena de parafernalia, alfombras rojas, aplausos y popularidad.

"Llegó el reconocimiento público, dejé la bacteriología y me gradué como publicista, pero la vida me formó como comunicador y periodista, y con ello [obtuve] todo lo que se considera que es la felicidad: el dinero, las viejas, los contratos, las modelos, el poder, las reinas, la fama, las actrices. Fue una época en la que me divertí, una experiencia maravillosa, cuyo legado es el nombre de Papuchis.

"Por ese tiempo pasaron cosas sorprendentes: llegaban a la cabina de la emisora artistas como Paulina Rubio, Miguel Bosé y Alejandro Sanz; íbamos a los conciertos, entrábamos a los camerinos y nos emparrandábamos con ellos.

"También recuerdo mucho cuando viajaba a cubrir premios internacionales como reportero, lo que me llevó a conocer grandes personajes de la música. En uno de esos viajes tuve la oportunidad de entrevistar a Liza Minnelli, que era una de las cantantes preferidas de mi papá.

"Recuerdo que cuando la vi me puse muy nervioso, estábamos en los Grammys, en el Madison Square Garden de Nueva York, y yo me le acerqué para entrevistarla, pero estaba demasiado nervioso y el aparato de grabación que llevaba se me salió de las manos y se cayó dentro de su cartera, entonces la gente de seguridad empezó a cercarme en actitud agresiva, a mirarme mal, y yo comencé a sudar.

"Liza se dio cuenta de lo que pasaba, les dijo que se quedaran tranquilos y me hizo acompañarla a un rincón, en donde me entregó la grabadora, y empezamos a hablar de la vida. Fue una experiencia muy bonita, que me enseñó mucho: me enseñó de humildad, porque esa señora terminó sentada en una escalera hablando con alguien que no conocía, a pesar de ser una estrella de Hollywood.

"Fueron buenos años en los que no le hice daño a nadie, pero todo empezó a cambiar; había formado un hogar y la mamá de mis hijos comenzó a cansarse de todo ese show permanente, y un día se acercó y me dijo que no podía más, que nuestro hogar se terminaba, y eso me produjo una herida muy honda que me llevó a cuestionarme muchas cosas.

"Creo que cuando uno busca respuestas en la vida, muchas veces se equivoca y busca respuestas afuera; en el amigo, en la rumba, y yo busqué muchas respuestas afuera hasta que me refugié en el silencio y me fui al monasterio de Santo Ecce Homo, en el desierto de la Candelaria, en Villa de Leyva.

"Luego llegaron más contratos, más dinero, más éxito. Empecé a estar en la mesa de noticias de una cadena muy importante y a trabajar como creativo para televisión; era socio de bares, de restaurantes, formé mi propia empresa y me creía superior a los demás.

"Fue entonces cuando todo se vino abajo. Para el 2009, tenía una sobrecarga de trabajo y emocional muy fuerte: mi padre se enfermó de cáncer, le dieron poco tiempo de vida y comencé a viajar todos los fines de semana a Cúcuta para acompañarlo.

"Al mismo tiempo, estaba sobrecargado por ese impulso de tener más, hacer más y mostrar más, y todo eso empezó a manifestarse como gastritis, dolor de cabeza, insomnio; ya no tenía la sonrisa que me caracterizaba, porque estaba ocupado en reuniones y en todo de lo que se jactan las personas que se creen más importantes por estar ocupadas.

"Todas esas cosas se fueron acumulando hasta que sufrí un accidente cerebrovascular mientras visitaba a mi papa; sentí un fuerte dolor de cabeza y me llevaron a la Clínica Norte de Cúcuta. De esos momentos recuerdo algunas imágenes de los médicos desesperados: algunos se llevaban las manos a la cabeza, como si dijeran: '¡Está muy mal!, ¡está muy mal! ¡No puede estar pasando esto! ¡Se va a morir!'.

"También recuerdo que mi familia llegó a la habitación e intentamos rezar un padrenuestro, pero yo había perdido la condición del habla, pues el coágulo que afectaba mi cerebro me había dejado sin palabras, y no pude orar con ellos, por lo que nos pusimos a llorar; fue un momento muy duro, muy fuerte.

"Luego mis padres se levantaron y se fueron a un cubículo que había al lado, en donde trataron de pasar inadvertidos, pero yo sabía que estaban allí; los escuchaba moverse, los escuchaba llorar.

"Como los médicos no sabían muy bien qué procedimiento aplicarme, decidieron someterme a un coma inducido. En medio de esa situación decidí sumergirme en la oración, en la meditación que me habían enseñado Jaime Jaramillo, el padre Saúl Montenegro y mi maestra Albita Rodríguez.

"Fue entonces cuando inicié un viaje celestial que me llevó a la transformación de mi vida; no vi el túnel, ni a mis tatarabuelos haciéndome señas para que me quedara, pero sentí mucha paz, un gozo muy profundo, tranquilidad; mucha luz, una luz grande y muy potente.

"Parecía como si no importara nada, era una sensación placentera y difícil de describir; como un infinito del que surgió un sonido, una voz que llegaba desde lo profundo y repetía: 'Todo está bien, todo está bien, todo está bien, todo está bien', que no puedo definir como masculina o femenina, aguda o grave, solo sé que decía: 'Todo está bien, todo está bien, todo está bien'.

"Enseguida sentí que alguien me pasaba la mano sobre la cabeza y había mucha luz, y la voz empezó a traerme de vuelta, a retornarme y a mezclarse con otras voces, que eran las de los médicos y las enfermeras que decían: '¿Será que se muere mañana? ¿Llegaron los hijos? Esta mañana hablaron de él en la radio'. Yo escuchaba eso y repetía en mi cabeza lo mismo que me había dictado la voz: 'Todo está bien, todo está bien, todo está bien'.

"Poco después desperté, abrí los ojos e intente decir 'gracias, Dios'. Fue entonces cuando descubrí que no podía hablar, porque cuando quise decir 'gracias' no salieron las palabras. Entonces pensé: 'si no puedo hablar, puedo sonreír', y de esa manera les dije a todos que estaba bien, con una sonrisa gigante.

"La recuperación fue larga, como deben ser los milagros; pasaron los días, las semanas, y me diagnosticaron un daño cerebral irreversible. Papuchis nunca volverá a hablar, decían.

"Meses después descubrieron que el daño era parcial, pero no podía hablar bien: truncaba las vocales, se me confundían las palabras, tartamudeaba, lo que pensaba no podía decirlo, pero yo tenía la certeza de que podía lograrlo, de que podía lograr hablar como antes.

"Un día, después de una terapia de lenguaje que resultó desastrosa, en la que la terapeuta me dijo que debía trabajar en la aceptación, entender que mi padre estaba enfermo de un cáncer terminal, mi hogar se había terminado y yo nunca iba a ser como antes, sentí mucho dolor y salí directamente a mi carro, manejé sin rumbo fijo hacia las afueras de Bogotá y empecé a hablar con esa voz.

"Mientras manejaba por la autopista, lloraba. 'Por favor devuélveme las palabras', le decía, y sentí algo divino, algo espiritual. Entonces le dije: 'Si me devuelves las palabras, dejo el mundo de la radio y la televisión y me dedico a dar el mensaje por toda Colombia, a decir que la felicidad no depende de las cosas o del dinero, sino de lo que está adentro, de la alegría, la gratitud, la oración y la conexión'.

"Fue en ese momento en el que volví a escuchar la voz que había escuchado cuando me estaba muriendo: 'Todo está bien, todo está bien, todo está bien', y le dije: 'Sé que no es fácil, los médicos me explicaron que las neuronas se fundieron y no se pueden restaurar', y entonces vuelvo a escuchar esa voz que dice: 'Todo está bien'.

"Como estaba emocionado, aceleré el carro y bajé las ventanas para secarme las lágrimas; entonces le pedí que me diera una señal, porque pensaba que todo podría ser una fantasía o producto de mi imaginación, y kilómetros más adelante tuve que frenar detrás de un bus que llevaba dibujada una imagen religiosa, de Jesucristo, que parecía decirme 'todo está bien'.

"Yo sé que para muchos puede ser una casualidad, algo fortuito, pero para mí era la señal que estaba esperando. A la semana siguiente los resultados de la terapia de lenguaje fueron increíbles, y al poco tiempo pude unir las palabras y decirles 'te amo' a mis hijos. Meses después murió mi papá, pero no de cáncer; su diagnóstico le pronosticaba tres meses de vida y vivió cinco años, y los vivió bien.

"Después de haber vivido todo eso, puedo decir que hay una trascendencia, que nuestra alma no termina el viaje, que nuestro cuerpo existe para conducir los sentimientos, que nuestra llama nunca se apaga, que el dolor es un maestro y que trae experiencia, una oportunidad para crecer desde el amor".

VOCES DEL MÁS ALLÁ

Aunque parezcan un poco extraños, los testimonios de personas que han escuchado voces en momentos cercanos a la muerte o durante experiencias religiosas no son una rareza en la historia de la humanidad, en la que miles de personas han asegurado recibir mensajes o instrucciones que transformaron su destino.

Muchos de estos mensajes han sido relacionados con la divinidad por parte de exegetas y teólogos, quienes las denominan *teofanías*: manifestaciones de entidades superiores que intervienen la realidad mediante apariciones, visiones y sonidos.

Estos sonidos aparecen en varios de los libros de la Biblia, en los que se narra cómo algunos de sus protagonistas reciben mensajes celestiales. Uno de ellos fue Pablo de Tarso, quien, según el libro *Hechos de los Apóstoles*, era un perseguidor de cristianos, a quienes capturaba, humillaba y ejecutaba de forma cruel y despiadada.

Sin embargo, estas crueldades se detuvieron luego de que le sucediera algo extraño mientras transitaba por un camino que llevaba a la ciudad de Damasco, cuando "lo rodeó un resplandor que bajó del cielo y escuchó una voz que le decía: —Pablo, Pablo, ¿por qué me persigues?, y él le preguntó: ¿Quién eres?, y la voz le respondió: —Yo soy Jesús, a quien tú persigues"[42]. A partir de entonces, Pablo se convirtió al cristianismo, defendió a sus fieles y creó una de las escuelas teológicas más influyentes de todos los tiempos: las iglesias Paulinas.

Este hecho se transformó en la "metáfora del camino de Damasco", que utilizan sacerdotes y pastores para ejemplificar la

42 *Biblia Reina Valera Contemporánea*, 1960, Hechos de los Apóstoles (9: 3-6).

conversión, y, aunque parece alejada del testimonio de Juan Manuel Correal, debido a que Pablo no estaba al borde de la muerte, mantiene algunas semejanzas, como la capacidad transformadora del mensaje.

Mensajes así también llegaron a uno de los teólogos más importantes de todos los tiempos, san Agustín de Hipona, quien nació en la ciudad de Tagaste en el año 354 d. C., en un ambiente liberal en el que abrazó el maniqueísmo, una doctrina que creía en la reencarnación y la existencia de un reino de luz que luchaba en contra de las tinieblas.

De joven, san Agustín se entregó a los placeres del mundo: la comida, el sueño y la lujuria, que disfrutó con varias concubinas que lo dejaron, causándole profundos dolores. Fue entonces cuando decidió viajar a la ciudad de Milán, en donde sufrió una experiencia sobrenatural, que describió en su libro *Confesiones*:

> Lloraba con muy dolorosa contrición de mi corazón. Cuando escuché desde una casa vecina una voz, como de niño o niña, que cantaba y repetía muchas veces: "Toma y lee, toma y lee, toma y lee, toma y lee" (*tolle lege, tolle lege*).
>
> De repente, me puse a pensar si existía alguna especie de juego en que los niños cantaran algo parecido, pero no recordaba haber oído cosa semejante; y así, reprimiendo el ímpetu de las lágrimas, me levanté, interpreté esto como una orden divina, tomé el primer papiro que hallé sobre la mesa y era un Evangelio, que me había llegado por casualidad, y en el que se leía: "Vete, vende todas las cosas que tienes, dalas a los pobres y tendrás un tesoro en los cielos, y después ven y sígueme"[43].

43 San Agustín (VIII, 12, 28-30).

Sin duda es una historia de conversión que tiene elementos en común con muchas narraciones contemporáneas, en las que este tipo de voces surgen en instantes de angustia, y coincide con lo expuesto por Correal, quien también afirma haber vuelto a escucharla cuando se encontraba en momentos de ansiedad y estrés.

Asimismo, el testimonio de san Agustín menciona que la voz era difícil de definir, no poseía tonalidades masculinas o femeninas y provenía de un punto cercano, lo que coincide con las afirmaciones de otras personas.

Una de ellas fue Hildegard von Bingen, una monja nacida en 1098 en Bermersheim (Alemania), durante el Sacro Imperio Romano Germánico. Durante su infancia padeció extrañas enfermedades que la llevaron al borde de la muerte, por lo que fue recluida en su habitación, en donde vivió una experiencia sobrenatural a los tres años, cuando una luz cegadora la envolvió, provocándole una profunda desazón; "mi alma temblaba", afirmó años después en sus diarios[44].

Manifestaciones similares continuaron después de su admisión en el convento, en donde experimentó profundos trances, en los que aseguraba observar una luz gigantesca de la que surgían figuras geométricas y tonalidades, que iban acompañadas de una voz que la guiaba, le daba consejos y en ocasiones cantaba.

Esta voz celestial la llevó a fundar una red de conventos y a redactar docenas de libros místicos, cuyo contenido era considerado divino por sus seguidores, quienes estaban convencidos de que poseía dones sobrenaturales.

Al final, Hildegard murió en su convento a los ochenta y un años, el 17 de septiembre de 1179; se dice que en ese momento se formaron dos arcos de luz que se trasladaron sobre el cielo hasta formar una cruz sobre su cuerpo. Una historia sorprendente, si tenemos en cuenta que, además, Hildegard fue declara santa y

44 Cirlot (2009, p. 15).

nombrada doctora de la Iglesia por el papa Juan Pablo II, quien afirmó en una carta: "Enriquecida con dones sobrenaturales desde su tierna edad, Santa Hildegarda profundizó en los secretos de la teología, medicina, música y otras artes, y escribió abundantemente sobre ellas, poniendo de manifiesto la unión entre la redención y el hombre"[45].

CAMBIO, VOCES Y EXPERIENCIAS CERCANAS A LA MUERTE

Al margen de las historias de santos, místicos y exegetas, existen registros contemporáneos de personas que escucharon voces dentro de su cabeza mientras se encontraban clínicamente muertas; testimonios que residen en la fe y que nos permiten conocer detalles insospechados del fenómeno.

Una de estas historias es la de Arturo Gómez Andújar, de Valencia (España), quien asegura haber escuchado una extraña voz luego de sufrir un accidente de tránsito, como publicó el *Correo de Andalucía*:

> Con 17 años, un día de verano, mi novia y yo decidimos ir a la playa en moto a hacer unas fotografías. De camino, al cruzar un puente, la rueda patinó y caímos al suelo. La moto y mi novia tuvieron suerte. La peor parte me tocó a mí. Salí despedido y paré con la cabeza de un golpe, sin casco, contra la valla del lateral.
>
> Perdí literalmente el cuerpo y comencé a flotar, viéndome a mí mismo tendido inerte en el suelo con mi novia llorando agachada sobre mí.
>
> [...]

45 Juan Pablo II (1979).

De pronto, mi ascenso flotando boca abajo se detuvo por alguien que me asió por la espalda. Quienquiera que fuera, con una voz amigable y serena, me preguntó: "¿Dónde vas?", y sin dar opción a responder, continuó: "*Éste no es tu momento. Tienes aún muchas cosas por hacer*".

Recuerdo que me volví para ver a aquel ser. Vestía una túnica blanca, tenía un pelo rubio algo largo y una cara que no se veía bien, pero infundía confianza y tranquilidad. Meditando aún las palabras de mi inesperado interlocutor, de pronto me sentía como si fuera viajando cómodo y feliz en un vehículo grande y lujoso, con mucho espacio y un gran motor. Pero en seguida esa sensación desapareció y empecé a notar sangre.

[...]

Ya en un quirófano, el médico que me atendió no daba crédito. Tenía múltiples fracturas craneoencefálicas. Precisaba suturas por las cejas, por la sien, por la barbilla, de hasta cincuenta puntos. Estaba vivo de milagro. Pero lo más increíble de todo es que yo me encontraba bien, no sentía dolor, ni siquiera me hacían daño al pasarme la aguja y el hilo. Estaba charlando y bromeando con las enfermeras como si nada grave hubiera pasado.

[...]

Lo que me pasó me lleva a pensar que todos tenemos a alguien que está ahí, junto a nosotros, protegiéndonos, aunque no lo veamos[46].

Este testimonio tiene algunos elementos en común con el de Correal, como el hecho de escuchar una voz amigable y sentir que

46 *Correo de Andalucía* (5 de noviembre de 2017).

una entidad sobrenatural los acompaña y los protege; coincidencias que han sido analizadas por varios investigadores, quienes han encontrado que no se trata de situaciones extrañas en ese tipo de contextos.

Uno de ellos es Elisabeth Kübler-Ross, psiquiatra y escritora suizo-estadounidense, considerada una de las mayores expertas mundiales en cuidados paliativos, quien escribió, entre otros títulos, *La muerte: un amanecer*, un libro en el que narra cómo se sometió a un experimento para visualizar los límites de la muerte.

A finales de los años setenta, Kübler-Ross escuchó del trabajo de Robert Allan Monroe, un empresario que promocionaba la posibilidad de alterar los sentidos para crear experiencias extracorpóreas o "desdoblamientos". Emocionada, viajó hasta sus instalaciones en Virginia, en donde se sometió a una serie de procedimientos que le indujeron un estado similar a la muerte.

Monroe introdujo a la psiquiatra en un tanque de agua con aislamiento acústico, al que agregaba vibraciones que denominó señales Hemi-Sync, una especie de ondas que "facilitaban" la inducción de estados alterados de conciencia. Asimismo, los técnicos le instalaron electrodos y otros sensores, con el fin de medir la respuesta galvánica y el voltaje potencial de su piel. Con el pasar de los minutos, la mujer comenzó a percibir una serie de sensaciones similares a las alucinaciones que la dejaron extenuada; salió de la cápsula y se alojó en una cabaña solitaria en medio de las Blue Ridge Mountains.

Fue allí, en medio de los árboles, en donde experimentaría un extraño trance que le produjo fuertes dolores: "Viví en mí misma las miles de muertes por las que habían pasado mis enfermos"[47]; enseguida el dolor se hizo tan profundo que le rogó al universo

47 Kübler-Ross (2013, p. 32).

que parara. Entonces surgió una "voz" que le respondió: "No te será concedido"[48].

Atormentada, la mujer comprendió que para que el dolor se fuera debía dejar de luchar. Lo hizo; el malestar se esfumó y sintió una pulsación en su vientre que se extendió a todo su cuerpo, y pudo ver todo lo que estaba a su alrededor: el techo, la pared, el suelo, los árboles, el cielo, los muebles, la cama, la ventana y el planeta Tierra.

Al despertar de esta experiencia, se sintió tranquila y renovada; sus visiones resultaban similares a las de sus pacientes moribundos y dejó de entender a la muerte como el final de un camino.

Este es un caso que contrasta con la investigación del doctor Raymond Moody, en el sentido de que los mensajes que escuchó Kübler-Ross no eran tan positivos como los que menciona el doctor en su libro *Vida después de la vida*, en el que explica que algunos testigos afirmaron haber escuchado voces que identificaron como seres celestiales o ángeles protectores:

> A un hombre, el espíritu le dijo: "Te he ayudado en este estadio de la existencia, ahora te haré pasar a otros". Una mujer me dijo que, mientras estaba abandonando el cuerpo, detectó la presencia de dos seres que se identificaron como "ayudantes espirituales". En dos casos muy similares me hablaron de haber escuchado una voz que les decía que no estaban muertos y debían regresar. Uno de ellos lo cuenta así: "Oí una voz. No era una voz de hombre, sino algo que está más allá de los sentidos. Me dijo lo que debía hacer —'regresar'— y que no debía sentir miedo por volver a mi cuerpo físico"[49].

48 Kübler-Ross (2013, p. 22).

49 Moody (2017, pp. 21-22).

Al margen de estas investigaciones, existen otros médicos que afirman que este tipo de voces provienen de un lugar complejo, misterioso y terrenal: nuestro propio cerebro.

VOCES ORGÁNICAS

Aunque muchos consideran que estas voces son una prueba del más allá, algunos científicos piensan que son el producto de enfermedades y trastornos, como se deduce de los estudios realizados por la doctora Jimena Rodríguez, de la Universidad Andrés Bello de Chile. Rodríguez escribió un artículo titulado "Delirium perioperatorio", en el que afirma que algunas personas que son sometidas a cirugías desarrollan cuadros clínicos que pueden incluir alteraciones en la memoria, irritabilidad, agitación y alucinaciones auditivas.

Según la doctora Rodríguez, este tipo de desórdenes puede presentarse en el 20% de las personas que han sido operadas y aumenta en un 60% cuando se trata de personas mayores, aunque solo un tercio de estos pacientes son diagnosticados y tratados.

Esta teoría podría explicar algunas de las experiencias ligadas a voces o ruidos enigmáticos, que serían el resultado de patologías mentales inducidas por los procedimientos médicos, aunque también existen otras investigaciones que apuntan a diferentes factores físicos.

Una de estas la llevó a cabo la doctora Elizabeth Blundon, quien lideró a un grupo de científicos de la Universidad de British Columbia que monitoreó a un conjunto de pacientes a través de electroencefalogramas, con el fin de medir su actividad cerebral mientras se encontraban en un estado similar al de la muerte clínica.

Durante el experimento, se les hizo escuchar diferentes tipos de sonidos, lo que permitió descubrir que la respuesta cerebral fue casi idéntica a la que tenían cuando estaban conscientes; esto comprobaría la teoría de que el oído es el último sentido que se pierde.

Así pues, es posible que muchas de las personas que aseguran haber escuchado sonidos sobrenaturales hayan oído los aparatos médicos, las voces de los doctores o el ruido de la calle. Murmullos que su cerebro podría haber interpretado como voces, cantos de ángeles o música celestial, lo que explicaría experiencias como las de Juan Manuel Correal.

Estas situaciones me recuerdan las voces de amigos que ya no están, como la del filósofo Carlos Betancourt, quien alguna vez me dijo que para encontrar respuestas sencillas a problemas difíciles, convenía escucharse a uno mismo. Tal vez tenía razón y no estaría mal tomarse un respiro de vez en cuando, cerrar los ojos y esperar a que surjan las respuestas.

BIBLIOGRAFÍA

Artículos

Blundon, Elizabeth; Gallagher, Romayne y Ward, Lawrence, "Electrophysiological Evidence of Preserved Hearing at the End of Life", *Scientific Reports*, 10: 10336, 2020. Disponible en: https://www.researchgate.net/publication/342441122_Electrophysiological_evidence_of_preserved_hearing_at_the_end_of_life

García Bautista, José Manuel, "¿Qué nos espera tras la muerte", *El Correo de Andalucía*, 5 de noviembre de 2017. Disponible en: https://elcorreoweb.es/extra/que-nos-espera-tras-la-muerte-YC3510320

Lerman, Kristina, "The Life and Works of Hildegard von Bingen (1098-1179)", Sourcebooks Project de la Universidad Fordham de Nueva York, 24 de julio de 1995.

Redacción *Significados.com*, "Teofanía", *Significados.com.*

Rodríguez, Jimena, "Delirium perioperatorio", *Revista Médica Clínica Las Condes*, 28, 2017, pp. 776-784. Disponible en; https://www.researchgate.net/publication/320706377_DELIRIUM_PERIOPERATORIO

Cartas y epístolas

Juan Pablo II, "Carta de Juan Pablo II al cardenal Hermann Volk, obispo de Maguncia, con ocasión del 800 aniversario de la muerte de Santa Hildegarda", 1979. Disponible en: http://www.vatican.va/content/john-paul-ii/es/letters/1979/documents/hf_jp-ii_let_19790908_800-ildegarda.html. Consultado el 13 de septiembre de 2019.

Libros

Biblia Reina Valera Contemporánea, 2009-2011, Sociedades Bíblicas Unidas. Disponible en: https://www.biblegateway.com/passage/?search=Marcos+5%3A21-43%2CLucas+8%3A40-56&version=RVC

Chiaia, María, *El dulce canto del corazón. Mujeres místicas, desde Hildegarda a Simone Weil.* Madrid: Narcea ediciones, 2006. Disponible en: https://books.google.es/books?id=BzauFWJTfJQC&lpg=PP1&hl=es&pg=PP1#v=onepage&q&f=false

Cirlot, Victoria, *Vida y visiones de Hildegard von Bingen.* Nueva edición revisada, Madrid: Siruela, 1997 (2009). Disponible en: https://books.google.es/books?id=eS9IlsnihOsC&lpg=PP1&hl=es&pg=PP1#v=onepage&q&f=false

Kübler-Ross, Elisabeth, *La muerte: un amanecer*, Madrid: Editorial Diana, 2013.

Moody, Raymond, *Vida después de la vida*, Buenos Aires: EDAF, 2017.

San Agustín, *Confesiones*, Biblioteca Virtual Miguel de Cervantes. Disponible en: http://www.cervantesvirtual.com/obra-visor/confesiones--0/html/

Entrevista a Juan Manuel Correal

Entrevista realizada el 31 de agosto de 2020, en el marco del programa *Más Allá*, de Redmas Televisión.

8

FABIOLA POSADA PINEDO:

DE LA MANO DE LOS ÁNGELES

Corrían los últimos días de 1990 cuando me enviaron a pasar las vacaciones a Santiago, un pueblo de Norte de Santander, en donde quedaba la antigua casa de mi abuela. Allí, en el patio, había una alberca que reflejaba las ramas de un naranjo en donde vivían centenares de abejas verdes que se extinguieron con la llegada de los pesticidas.

Eran días azules y brillantes en los que observaba lagartijas que reptaban sobre las paredes como si fuesen pequeños dinosaurios.

Una noche, después de comer, la electricidad se cortó y nos mandaron a dormir. Entonces sonó un estruendo y unos gritos que decían: "¡Ríndanse, hijueputas!, ¡apúntele al de arriba!, ¡traigan la dinamita!"; enseguida reventó otra explosión, seguida de una ráfaga, y unos silbidos atravesaron el aire, como un coro macabro.

—Se metió la guerrilla —dijo una prima desde la habitación de al lado.

—¡Se quedan quieticos y tranquilos! —ordenó un tío.

A pesar de las advertencias, me levanté y caminé hasta la puerta que daba a la calle, que estaba ajustada con una tranca de madera, y observé al exterior por un hueco: había humo, gritos, quejidos y un muchacho con una escopeta, botas de caucho y el rostro manchado de hollín que lucía aterrado. Luego apareció un helicóptero y los guerrilleros se retiraron por los caminos que conducían a la selva.

Al otro día, observé los estragos y las hileras de sangre que ocupaban las aceras; la alcaldía y la estación de policía estaban destruidas, los restos de sus fachadas se esparcían por el suelo; los niños recogían esquirlas mientras las mujeres barrían. Parecía una escena de una película sobre la guerra de Vietnam.

Durante las siguientes noches el pueblo se mantuvo en silencio, invadido por la tristeza que se reflejaba en el rostro de quienes caminaban por el parque, cuyas bancas habían quedado destrozadas; en ocasiones se escuchaban llantos y los billares se mantenían cerrados.

—¡Miren, estamos en televisión! —gritó una vecina desde su puerta.

Mi tío se apresuró a encender el aparato, en cuya pantalla aparecieron los presentadores del *Noticiero Criptón*, que relataron cómo un frente del Ejército de Liberación Nacional había hostigado a una pequeña población cerca de la frontera con Venezuela.

Tan pronto terminaron las noticias, comenzó el especial de Año Nuevo de *Sábados Felices*, en el que Alfonso Lizarazo presentó a una joven comediante llamada la "Gorda" Fabiola, quien empezó a contar chistes sobre borrachos, y todos nos carcajeamos en medio de paredes cubiertas por tiros de fusil.

Esta imagen se me vino a la mente años después, cuando trabajaba para Blu Radio y la vi sentada con un vaso de agua frente a un estudio de grabación. En ese momento pensé en acercarme y saludarla, pero iba tarde y me olvidé del asunto hasta unas semanas después, cuando entró un locutor a la cabina y nos informó que la "Gorda" Fabiola estaba en coma y su pronóstico era reservado.

Los días pasaron, renuncié a la emisora y me dediqué a dictar clases en universidades y a participar en el Cartel de la Mega, cuando leí un titular en mi celular que anunciaba que Fabiola se había recuperado y había conocido el cielo y el infierno.

Tiempo después logré contactarla para que me relatara su historia, que narró con el mismo júbilo con el que aparecía en televisión treinta años atrás, cuando alegró a un pueblo devastado por la guerra, sin que ella misma se diera cuenta.

FABIOLA POSADA PINEDO

"Nací en Santa Marta, en donde viví una niñez muy linda, al borde de la playa y de las olas, con un papá muy conservador y muy serio, y una mamá extremadamente liberal, tanto que todavía no sé cómo se la llevaban tan bien siendo tan diferentes; eso solo lo explica el amor.

"Llegué a Bogotá en 1980 para estudiar Comunicación Social y Periodismo. Todo iba normal hasta 1986, cuando pasé frente a los estudios en donde se grababa *Sábados Felices*, que quedaban por la avenida 19 con 5ª; me conocieron y terminé haciendo parte del programa. Yo creo que se fijaron en mí porque siempre fui gordita, desde pequeñita, y nací con unos dientes grandes, muy grandes, para hacer reír.

"Empecé a hacer parte oficial del elenco, contaba chistes y pasaban cosas muy locas. Un día Hugo Patiño cogió una muñeca de ambientación que pesaba más de quince kilos y me dijo: 'Venga, Gordita, hágame el favor y me cuida esta muñeca que me la acaban de regalar'. Yo le dije que claro, y se fue y me dejó sola con esa muñeca tan pesada; esas eran las bromas que se hacían en aquel tiempo.

"Unos años más adelante, cuando ya era reconocida, una concuñada me pidió el favor de que contara unos chistes en una manifestación política. Me subí a la tarima, la gente estaba a reventar; cuando terminé todos se fueron y los políticos se quedaron abandonados.

"A la semana siguiente me volvieron a invitar, pero me pusieron al final; era tanta la gente que me esperaba que me hicieron la propuesta de que me presentara a las elecciones. Me metí en política y salí elegida edilesa de Suba en 1997; fue algo muy bonito porque pude ayudar a la gente, legalizar barrios y conseguir cosas para la comunidad.

"Luego llegaron las elecciones del 2000 y me eligieron concejal de Bogotá, y eso era otra cosa, vinieron muchas lágrimas. Estudié Políticas Públicas en la Universidad Nacional. En esa época me marchité, porque las cosas en esos espacios son muy serias y a mí me gusta hacer reír, hacer pasar un buen rato a la gente, y el Concejo era una cosa muy diferente; pero me quedó la satisfacción de haber dejado varios acuerdos para la ciudad.

"Tan pronto terminé mi periodo en el Concejo me alejé de la política. Volví a la televisión y empecé a darme cuenta de que había heredado todas las comorbilidades de papá y mamá: diabetes, hipertensión. Sufrí cuatro infartos, uno en plena grabación de una película en Estados Unidos.

"En el 2014 me llevaron a la clínica y me hicieron una cirugía de corazón abierto. La noche después de la operación tuve una experiencia sobrenatural. Estaba bastante delicada porque tenía cuatro arterias comprometidas; me abrieron el esternón y me hicieron unos puentes, unos *bypass*, y entonces empecé a escuchar la voz de mi madre que me decía 'mamita' y empecé a pensar que estaba muy grave, porque mi mamá llevaba varios años muerta. 'Mamita, mijita', me decía. Entonces alargué el cuello para ver dónde estaba y empecé a llamarla: 'Mami, mami, ¿dónde estás, mami?', y apareció una luz hermosa, que pasó por el techo de la habitación de cuidados intensivos, y luego vinieron más, muchas más, y se juntaron sobre mí, era algo hermoso.

"Como me habían dejado un timbre en la mano, yo lo oprimí fuerte, muy fuerte, hasta que llegó una enfermera y le pregunté: '¿De dónde vienen tantas luces?', y la enfermera me respondió: 'Doña Fabiola, aquí no hay luces'. Entonces volví a preguntarle:

'¿Seguro no las ve?, yo veo un ballet hermoso de luces que danzan por toda la habitación'.

"Como yo soy curiosa, empecé a buscar si había una ventana o algún lugar por el que entraran esas luces tan bonitas, y la enfermera me dijo: 'Duérmase, doña Fabiola', y volví a preguntarle por las luces hasta que llegó un médico que me inyectó algo y me durmió.

"Al día siguiente me desperté como a las cinco de la mañana, porque dormir en una clínica es muy difícil, los doctores salen y entran. Entonces llegó una enfermera y me dijo que afuera había una ancianita que había venido de un pueblo para hablar conmigo.

"Les dije a los médicos que por favor la dejaran pasar, y entró vestida con un traje quirúrgico de la cabeza a los pies, solo se le podían ver los ojitos y estaba toda tapadita. Me dijo que tenía comunicación con los ángeles y que ellos le habían anunciado que había quedado muy bien operada, pero que les dijera a los médicos que me revisaran las vías digestivas. La señora me hizo prometerle que les iba entregar su mensaje a los doctores, hizo una oración, se fue y nunca más la volví a ver.

"Me pasaron a una habitación y cuatro días después le dije a la enfermera que estaba incómoda porque no podía ir al baño. La muchacha se puso un guante para revisarme, cuando empezó a salirme un río de sangre que manchó las paredes como en una película de terror.

"Me hicieron exámenes y me llevaron enseguida al quirófano, en donde se dieron cuenta de que tenía una úlcera que se me reventó y me causó una hemorragia horrible, que me llevó a estar nuevamente en cuidados intensivos, como me había dicho la señora que había ido a visitarme. Fue entonces cuando me di cuenta de que me habían enviado un mensaje que no tenía explicación.

"Con el tiempo me repuse, hasta que pude volver a trabajar y me contrataron para un show en Bucaramanga. Como a mí no me gusta comer por fuera, le dije a una de las personas que me habían recibido que me llevara a almorzar a su casa. La muchacha me dijo que le daba pena porque solo tenía arroz, carne y tajadas, entonces yo le dije que eso era lo que más me gustaba.

"Cuando entré a la casa noté que estaba llena de cascabeles por todas partes y había un gato. Le dije que me parecía muy bonito que le tuviera cascabeles al gatico, y ella me respondió que mirara para el techo: me di cuenta de que había muchos más cascabeles.

"Me puse a pensar en la función de esas campanillas, y ella me dijo que servían para saber si llegaban los ángeles y me regaló una pulsera. Yo quedé muy asombrada porque acababa de vivir una experiencia en la clínica y me parecía sorprendente que una persona desconocida me volviera a hablar del asunto.

"Desde ese día empecé a leer y conocer del tema, hasta que comencé a sentirme mal otra vez y tuve que someterme a una cirugía bariátrica para combatir la diabetes, con la que logré bajar sesenta kilos en pocas semanas.

"Fueron buenos días, estaba muy contenta. Los médicos me dijeron que debía comer mucha proteína, porque me habían cortado el estómago y lo habían sustituido por partes del intestino grueso que no estaban preparadas para asimilar los nutrientes de la misma forma.

"Al comienzo todo estuvo bien: comía mucha carne, pollo, huevos; tantos, que empecé a aborrecerlos. No volví a consumirlos y mi organismo empezó a digerir mis músculos para compensar la proteína que no podía asimilar.

"Luego empecé a engordarme, pero no de gordura, sino del agua que retenía mi cuerpo para proteger mis órganos. Vinieron entonces los problemas: comencé a desconectarme de la realidad, me desmayé tres veces en plena grabación de *Sábados Felices*. Me llevaron a una clínica, en donde el médico dijo que estaba en estado agónico y que iba tratar de mantenerme con signos vitales hasta que llegaran los especialistas bariátricos.

”Me internaron y me conectaron a un montón de aparatos para que pudiera sobrevivir, porque yo en ese momento estaba muerta; el corazón no latía solo, los pulmones no reaccionaban y los riñones no funcionaban. Me conectaron a una máquina de diálisis y me pusieron en coma por veintitrés días, en los que viví experiencias increíbles.

”Fue entonces cuando llegué a un espacio oscuro y atemporal, porque no se cuánto tiempo estuve en medio de ese sitio, en el que había lamentos, angustia, maldad, gritos y rostros horribles que no quiero volver a ver nunca más.

”Entonces me pusieron una película, como si hubieran instalado un *videobeam* al frente mío, en donde me mostraron todas las cosas malas que había hecho en mi vida. Empecé a ver cuando una señora se me acercó en un semáforo a pedirme dinero y yo le dije que no, y supe que era la primera vez que pedía; vi su casa y a sus hijos y comencé a llorar, fue algo muy fuerte y muy angustiante.

”Apareció un rostro horrible que tenía unos ojos negros, sin nada de blanco, que se burlaba de mí y me torturaba. Se me ponía al frente y me decía: '¿Quieres a tu nieta Emilia?', y yo le respondía que sí, que la amaba con toda mi alma. Entonces gritaba con una voz muy horrible: '¡Maten a Emilia!'. Yo sufría y escuchaba: '¡Ahhhhhhhhh, nooo, ahhhhh!'. Eran los gritos de mi nieta.

”Luego volvía ese rostro y me decía: 'Dame cinco millones de pesos', y yo le decía: 'Te doy lo que quieras pero no la toques'. Entonces volvía y me decía: 'Tu dinero no sirve aquí para nada, trabajaste mucho en tu vida, pero aquí no sirve de nada'.

”Luego me vi encerrada en una jaula, como en las que se presentan los motociclistas en los circos, y empezó a girar. Desde las rendijas me golpeteaban con una especie de látigos, la piel se me comenzó a levantar y yo sangraba; ya no quería estar allí, prefería no existir.

”No sé cuánto duró todo, pero salí de allí y empecé a caminar por una especie de gruta muy lúgubre, cuyas paredes estaban tapizadas de unas piedras muy feas, hasta que llegué a un abismo, en cuyo interior había muchas personas que lloraban y extendían los brazos mientras se lamentaban y me decían: 'Ayúdanos, Fabiola, ayúdanos'. Yo les decía: 'No me toquen', y me agarraban de los tobillos. Era una cosa muy desagradable, la cosa más desagradable que he vivido en mi vida.

"En ese momento le pregunté a Dios: '¿Tan mal me he portado para soportar esto?', y entonces sucedió algo afuera. Los médicos se reunieron con mi esposo y le dijeron que ya no había nada que hacer, que lo mejor era desconectarme.

"Polilla firmó para que tuviera una muerte digna y empezaron a quitarme los respiradores. En ese momento sentí que me sacaban del inframundo y me decían: 'Fabiola, levante la mano', y seguían: 'Mueva los labios', 'abra los ojos'. Yo no los podía enfocar bien, pero era un grupo de personas en semicírculo. 'Por favor, mueva la cabeza', decían, cuando me di cuenta de que había algo extraño detrás de ellos, una luz azul, como un cristal puro y brillante, en donde estaba un ser alado gigante que no poseía cara de hombre o de mujer.

"Entonces intenté enfocarme en su rostro, para verlo bien. Meneó su cabeza y me dijo: 'Todo va a estar bien, todo va a estar bien, todo va a estar bien'. Era bellísimo y sentí una brisa refrescante a mi lado; volteé a mirar y había otro ser junto a mi cama.

"'Vas a recuperarte, todo va a estar bien, todo va a estar bien', me dijeron. Se esfumaron y les pregunté a los médicos si los habían visto, porque estaban detrás de ellos, y no me respondieron. Luego me dijeron que para ellos era un delirio, pero para mí era real.

"Al rato entró Polilla y me encontró sin los tubos, sentada sobre la cama, y les preguntó a los médicos con el rostro juagado en lágrimas: '¿Qué paso? ¿No estaba agonizando?', y los médicos le respondieron que no sabían, que no tenían explicación.

"Me quedé viendo a Polilla y le dije: 'Hola, papi', y lloramos; lloramos de felicidad porque era un milagro. Yo estaba muerta y volví a la vida, y sigo viva porque pienso que tengo muchas cosas todavía por hacer.

"Después de eso me porto mejor que nunca, porque no quiero volver a ese lugar de sufrimiento en el que estuve; vivo intensamente cada día y trato siempre de sonreír.

"A mí me gusta compartir mi experiencia sin el ánimo de polemizar con nadie. Si me creen o no me creen está bien; sé lo que viví y para mí es suficiente, porque para mí la muerte es cambiar de una dimensión a otra, quedarme dormida y decir adiós hasta siempre".

VISIONES DEL INFIERNO

Las experiencias cercanas a la muerte como las descritas por Fabiola son escasas, si tenemos en cuenta que la mayoría de los testimonios narran sensaciones placenteras; testimonios como los recolectados por el doctor William J. Serdahely, quien determinó que solo el 33% de las personas que investigó afirmó haber sentido emociones negativas[50].

De la misma manera, el doctor Hubert Knoblauch dirigió en el 2001 una investigación que fue publicada con el título "Different Kinds of Near-Death Experience", en la que afirma que las ECM estudiadas en Alemania occidental tuvieron un 60% de emociones positivas, contra un 29% de emociones negativas, mientras que en Alemania oriental el 40% manifestó emociones positivas y el 60% negativas. Esto indicaría que la cultura y el entorno social podrían influir en las sensaciones que se experimentan al borde de la muerte.

50 Bonilla (2011).

Así pues, las condiciones sociales y culturales podrían explicar que la mayoría de las visiones negativas en nuestro continente estén acompañadas de abismos de fuego, demonios y almas en pena, similares a las representaciones del infierno, que hacen parte de la educación y formación de los países occidentales.

Un ejemplo de estas visiones es la que asegura haber vivido el estadounidense Matthew Botsford, quien en marzo de 1992 sufrió el impacto de una bala perdida que le perforó la nuca, por lo que lo llevaron de emergencia a un hospital de Atlanta. Allí lo sometieron a un coma inducido y lo declararon en muerte clínica.

A pesar de ello, Botsford asegura haber sentido sus heridas mientras se encontraba inconsciente: "Fue como ser punzado por algo parecido a una aguja, que me pinchaba la parte posterior de mi cabeza". Estos dolores fueron sustituidos por la sensación de flotar hacia un lugar sin tiempo, en donde experimentó una profunda angustia: "una oscuridad densa me envolvió, como si hubieran puesto tinta negra sobre los ojos"[51], describió junto con su esposa Nancy en el libro *A Day in Hell*, en el que cuenta su viaje al inframundo, que estaba poblado por extrañas criaturas de ojos repugnantes que lo acechaban.

Era un lugar turbulento, envuelto en llamas y olores putrefactos, del que escapó gracias a un ser luminoso que se aferró a su cintura mientras le decía: "Vamos, aún no es tu tiempo"[52]. Luego despertó en una unidad de cuidados intensivos, en donde los médicos le informaron que llevaba más de veintisiete días en coma profundo y no se explicaban cómo había logrado sobrevivir, lo que llamó la atención de la prensa.

51 Botsford y Botsford.

52 Branson.

La de Botsford es una historia con tintes similares a la de Howard Storm, un profesor de Arte estadounidense que nació en 1946 en Newton (Massachusetts), quien asegura haber visitado el infierno.

Según él, fue un viaje que comenzó en 1985, mientras se encontraba en París junto con sus estudiantes, y un dolor en el abdomen lo hizo caer al piso. Lo llevaron de inmediato a un hospital, en donde descubrieron que tenía una perforación en el estómago y le programaron una cirugía para el día siguiente, pues no había ningún médico disponible en el momento. Atormentado, el profesor sentía cómo el ácido gástrico se filtraba por sus tejidos, quemándolo desde adentro, mientras se estremecía a causa de fuertes espasmos que lo hacían revolcarse de dolor, a pesar de los sedantes.

A la mañana siguiente intentó moverse, pero se dio cuenta de que estaba paralizado; en ese instante dejó de respirar y se sumergió en una masa oscura y hedionda, de la que se descolgó hasta quedar "tumbado y destrozado sobre una extraña superficie". Luego aparecieron unas figuras horribles y unas voces que lo insultaban. "La agonía que yo había sufrido durante el día no era nada en comparación con la que sentía ahora. Yo supe entonces que este era el final absoluto de mi existencia, y era más horrible que cualquier cosa que me podría haber imaginado"[53].

A continuación se extendió una gruesa cortina ante él y se vio transportado a una especie de escenario nauseabundo, en donde fue torturado por criaturas demoniacas: "Ellos jugaban conmigo tal y como un gato juega con un ratón. Cada nuevo asalto trajo aullidos de cacofonía. Entonces, en un momento dado, comenzaron a arrancarme pedazos de carne. Para mi horror, me di cuenta de que estaba siendo despedazado y comido vivo, lentamente"[54].

Los olores a putrefacción y las sensaciones desagradables rodearon su cuerpo maltrecho. No podía dormir ni descansar,

53 Redacción NDERF.

54 Redacción NDERF.

ni percibir el transcurrir del tiempo: su tortura parecía eterna. Entonces comenzó a orar y las voces y entidades que lo acosaban se alejaron: "Yo grité con todas mis fuerzas: 'Jesús, por favor, sálvame'"[55]. Después de esto aparecieron unos seres de luz que iluminaron el espacio y lo rescataron: una especie de ángeles que le mostraron una película en la que se reproducía su vida. Una voz le dijo: "Tu tiempo no ha terminado"; de inmediato abrió los ojos y las enfermeras le indicaron que había sido sometido a una complicada cirugía.

Una vez recuperado, plasmó su historia en docenas de lienzos que reproducen sus visiones y en un libro titulado *My Descent into Death*, prologado por la escritora norteamericana Anne Rice.

Su testimonio tiene puntos en común con el de Fabiola Posada, pues narra una visita al infierno que termina en un encuentro con seres luminosos: entidades divinas que parecen ser similares a los ángeles.

LOS ÁNGELES Y EL MÁS ALLÁ

Los ángeles son seres míticos que aparecen en las principales doctrinas del mundo occidental, y aunque muchos consideren que se trata de fantasías e ilusiones, teólogos cristianos, judíos y musulmanes consideran que existen, y dedican gran parte de su tiempo a analizar sus características y propiedades.

Para judíos y cristianos, las principales características de los ángeles están descritas en los primeros libros de la Biblia, en los que tienen el papel de ser los mensajeros de Dios. Asimismo, se piensa que pueden intervenir, alertar o cuidar a las personas, por lo que no resulta extraño que aparezcan en las ECM, en las que toman el papel de custodios, protectores o guías, que poseen la facultad de devolver el alma de los moribundos a sus cuerpos.

55 Redacción NDERF.

Estas funciones aparecen recopiladas en el libro *Evidence of the Afterlife* del antropólogo Jeffrey Long, que transcribió la historia de una mujer llamada Geralyn, quien habría entrado en contacto con entidades angelicales durante una delicada cirugía:

> La enfermedad había destrozado mi cuerpo; el bazo, el hígado y los intestinos estaban llenos de tumores. En mi hospitalización se descubrió que tenía un gran tumor bloqueando la luz intestinal, y fui inmediatamente llevada a cirugía, durante la cual floté en el aire sobre los doctores. Observé cuando extraían mis intestinos y los colocaban cuidadosamente al lado de mi cuerpo, y luego comenzaron a moverse rápidamente, en un intento de revivirme. Durante esos instantes comencé a elevarme, y de pronto me parecía que sabía todo lo que era necesario saber. Parecía que todos los misterios del mundo me eran revelados. Entendía las ciencias, las matemáticas y la vida. Simultáneamente pude ver a la gente que estaba en otras habitaciones. Vi a mi abuela y a mi tía abuela llorando fuera de la sala operatoria. Vi a otros pacientes que estaban siendo operados en otras salas. Vi a la gente que estaba fuera del hospital. Mientras me elevaba, instantáneamente me encontré en un sitio semejante a una nube. Sabía que estaba en un lugar muy seguro y cálido. Vi lo que podrían haber sido tres ángeles llenos de paz y como formando parte de la nube. No me dijeron nada; sin embargo, sentí su grandeza y gozo. De pronto, una gran mano vino hacia mí; brillaba con una luz poderosa. Luego oí una voz que me dijo: "Mi niña, regresa porque tienes mucho trabajo pendiente que hacer". Instantáneamente regresé a mi cuerpo. Cuando desperté, le referí a mis doctores esta experiencia y se impresionaron por mi descripción precisa de su trabajo. Sin embargo, no me creyeron mi historia. Sabía que estaba curada. Los doctores estaban asombrados al encontrar que después

de una sola quimioterapia, todos los tumores desaparecieron. Y treinta y siete años después aún estoy aquí[56].

Sin duda, es una historia sorprendente, que resulta semejante a la contada por Fabiola, debido a la aparición de seres luminosos que se manifiestan en medio de procedimientos quirúrgicos, seguidos de una curación milagrosa.

Estas descripciones parecen ser similares a las de Colton Burpo, quien protagonizó uno de los casos de vida después de la muerte más famosos de la historia, cuando fue operado en 2003 de una apendicitis que le causó graves complicaciones.

Burpo desarrolló una peritonitis cuando tenía tres años y tuvo una recuperación dolorosa. Luego, cuando pudo hablar, les contó a sus papas que había visto a los médicos mientras lo operaban y había conocido a su hermanita, lo que los dejó sorprendidos, pues su madre había sufrido un aborto algunos años atrás.

Asombrado, su padre transcribió las conversaciones y las recopiló en un libro titulado *Heaven Is for Real*, que llegó a ser el número uno en ventas del *New York Times* y fue adaptado al cine en el 2014.

La película muestra a Colton contándoles a sus padres las charlas que tuvo con uno de sus bisabuelos, quien había muerto treinta años antes de que él naciera, y reconstruye sus visiones del cielo como un lugar lleno de colores en donde nadie sufre y miles de ángeles flotan y suplican ante Dios.

Aunque pareciese que este tipo de narrativas es exclusivo de estadounidenses protestantes, existen casos sorprendentes en otros lugares del mundo, como el de Nicole Canivenq, quien sufrió un accidente de tránsito en mayo de 2003 que la transportó a un lugar cubierto por una hierba muy verde, en donde había unos

56 Citado y traducido por Bonilla (2011, pp. 69-99).

"Seres muy blancos que tenían forma y apariencia humana, pero al mismo tiempo no tenían cara, ni brazos, ni piernas". Afirmó que eran entidades que irradiaban "Un amor extraordinario, una vibración de amor" y que estaban "muy alegres, con unas risas llenaban todo el espacio, era como un reencuentro"[57].

Luego de recuperarse, Canivenq publicó sus experiencias en el libro *L'arbre du choix: Mon rendez-vous avec les êtres de lumière*, en el que narra el cambio espiritual que sufrió después del encuentro.

Antes de continuar debemos aclarar que, aunque muchas personas que han experimentado una ECM han ayudado a su entorno mediante reflexiones y mensajes esperanzadores, existen casos como el de Alex Malarkey, en el que se utilizó la atracción que sentimos por estas narrativas para robar y engañar.

Malarkey es un joven que, a los seis años, sufrió un terrible accidente automovilístico mientras viajaba por las carreteras de Ohio, en noviembre de 2004. Lo llevaron de emergencia a un hospital, en donde descubrieron que tenía partida la columna vertebral y había quedado cuadripléjico.

Algunos meses después, en medio de operaciones y cirugías, circuló la noticia de que Alex había visitado el cielo, que describía como una pradera gigantesca en donde estaban Jesús y los ángeles.

Al poco tiempo, la editorial norteamericana Tyndale House compró los derechos de la historia y la publicó bajo el nombre *The Boy Who Came Back from Heaven*, que vendió millones de copias por todo el mundo.

Sin embargo, algo extraño sucedió luego de que Kevin, el padre del niño, falleciera en 2009, y su viuda intentara cobrar las regalías a la editorial, que no quiso pagar ni llegar a ninguna clase de acuerdo. Se desató entonces un infierno de demandas y exigencias que dio un giro en 2018, cuando Alex publicó una declaración en la que reveló el fraude: "No morí. No fui al cielo.

57 Caillard (2014).

Lo dije porque creí que con ello llamaría la atención"[58], y agregó que fue su padre quien fabricó y vendió la historia mientras él se encontraba en el hospital.

CON LOS PIES EN LA TIERRA

Después de entrevistar a Fabiola Posada y a otras personas que han vivido una ECM, solo puedo afirmar que cada experiencia es única y de nada sirve controvertirlas, pues son experiencias de vida que surgen del alma de las personas y reconfortan sus días cuando la adversidad las acecha, llenándolas de paz y esperanza.

Esta misma esperanza la vi en cada rostro, cada gesto y cada palabra, que me hicieron ver la vida de una forma diferente. Una visión reparadora y clara, como los ojos de Fabiola, que me recordaron al poeta romano Horacio, cuyas frases tapizaban las paredes del viejo edificio de Artes de la Universidad Nacional de Colombia: "Piensa que cada día es el último y recibirás agradecido la hora que se te da y no esperabas", decía sobre los ladrillos que fueron derrumbados por retroexcavadoras.

58 Swenson (13 de abril de 2018).

BIBLIOGRAFÍA

Artículos

Bonilla, Ernesto, "Experiencias cercanas a la muerte", *Investigación clínica*, vol. 52, n.° 1, 2011, pp. 69-99. Disponible en: http://ve.scielo.org/scielo.php?script=sci_arttext&pid=S0535-51332011000100008&lng=es

Botsford, Matthew y Botsford, Nancy, "My Time in Hell", *Assist-News.net*, consultado el 19 de septiembre de 2020. Disponible en: http://afterthewarning.com/religious-reading/heaven-hell-purgatory/my-time-in-hell

Branson, Tim, "Matthew Botsford: To Hell and Back", *CBN*, consultado el 19 de septiembre de 2020. Disponible en: https://www1.cbn.com/700club/matthew-botsford-hell-and-back

Caillard, Aurélie, "Testimonios de personas que regresaron… de la muerte…", *INREES-Institut de Recherche sur les Expériences Extraordinaires*, 26 de septiembre de 2014. Disponible en: https://www.pressenza.com/es/2014/09/testimonios-de-personas-que-regresaron-de-la-muerte/

Knoblauch, H., Schmied, I. y Schnettler, B., "Different Kinds of Near-Death Experience: A Report on a Survey of Near-Death Experiences in Germany", *Journal of Near-Death Studies*, 20, 2001, pp. 15-35.

Redacción NDERF, "La ECM de Howard Storm", *Near-Death Experience Research Foundation*, consultado el 16 de septiembre de 2020. Disponible en: https://www.nderf.org/Spanish/howard_storm_spanish.htm

Serdahely, W. J. y Walker, B. A., "The Near-Death Experiences of a Nonverbal Person with Congenital Quadriplegia", *Journal of Near-Death Studies*, 9, 1990, pp. 91-96.

Serdahely, W. J., "Pediatric Near-Death Experiences", *Journal of Near-Death Studies*, 9, 1990, pp. 33-39.

Swenson, Kyle, "'The Boy Who Came Back from Heaven' Now Wants His Day in Court", *The Washington Post*, 13 de abril de 2018.

Libros

Botsford, Nancy, *A Day in Hell: Death to Life to Hope*, Mustang: Tate Publishing Enterprises, 2010.

Burpo, Todd y Lynn, Vincent, *El cielo es real: La asombrosa historia de un niño pequeño de su viaje al cielo de ida y vuelta*, Nashville: Grupo Nelson, 2011.

Canivenq, Nicole, *L'arbre du choix: Mon rendez-vous avec les êtres de lumière*, Temps Present, e-pub, 2019.

Long, Jeffrey, *Evidence of the Afterlife. The Science of Near-Death Experiences*, Nueva York: Harper-Collins Publishers, 2010.

Storm, Howard, "My Descent into Death: A Second Chance at Life", Nueva York: Harmony Books, 2005.

Películas

Randall Wallace, *Heaven Is for Real* (El cielo sí existe) [película], Estados Unidos: TriStar Pictures, 2014.

Entrevista a Fabiola Posada

Entrevista a Fabiola Posada, Bogotá, 9 de septiembre de 2020.

9

VISIONES INEXPLICABLES:

RECUERDOS DE OTRA REALIDAD

Solo el fuego y el mar pueden mirarse
sin fin. Ni aún el cielo con sus nubes.
Solo tu rostro, solo el mar y el fuego.
Las llamas, y las olas, y tus ojos.
Serás de fuego y mar, ojos oscuros.
De ola y llama serás, negros cabellos.
Sabrás el desenlace de la hoguera.
Y sabrás el secreto de la espuma.
Coronada de azul como la ola.
Aguda y sideral como la llama.
Solo tu rostro interminablemente.
Como el fuego y el mar. Como la muerte.
"Tema de fuego y mar", Eduardo Carranza

Decidí dedicar las pocas páginas que nos quedan a analizar un puñado de casos que podrían responder algunas de las preguntas que se han hecho investigadores y periodistas alrededor del tema de las ECM: ¿Qué experimentan las personas que profesan otras religiones? ¿Las visiones del cielo o seres luminosos son comunes en todo el mundo? ¿Qué perciben las personas ateas?

Por ejemplo, el psiquiatra español José Miguel Gaona, en su libro *Al otro lado del túnel*, afirma que las visiones y los recuerdos de las ECM pueden variar de acuerdo con la religión o las creencias de los pacientes; es así como musulmanes y asiáticos tienden a describir encuentros con profetas, símbolos o figuras geométricas propias de sus culturas.

La mayoría de ECM mantienen puntos en común, como la visión del túnel, la sensación de flotar, la aparición de familiares muertos, la pérdida de noción del tiempo y la manifestación de voces que reconfortan o entregan advertencias, entre otras características que surgen también en testimonios de culturas lejanas, que expondremos a continuación, y que nos llevarán a conocer otras versiones del más allá; narraciones complejas en donde la realidad parece deformarse.

SOLO EXISTE UN DIOS: EXPERIENCIAS MUSULMANAS

El islam es una de las religiones de mayor crecimiento y expansión de la historia. La profesan más de 1.800 millones de personas, cuya fe se afianza entre los muros de mezquitas y madrazas que se extienden sobre las principales capitales del mundo; es una compleja doctrina en la que también ocurren hechos extraordinarios, como las experiencias cercanas a la muerte.

Una de estas experiencias es la de Gülden, una mujer turca que sufrió graves problemas de salud que la llevaron a conocer otra realidad:

> En junio del 2000 fui llevada al hospital de la Universidad de Izmir Ege en Bornova (Turquía), luego de sufrir una hemorragia en el lóbulo temporal del cerebro, por lo que fui operada por un equipo de neurocirujanos.
>
> Tres semanas después empecé a experimentar sensaciones extrañas; me vi a mí misma sobre la cama, el mundo se volvió oscuro y empecé a flotar hacia una luz blanca muy brillante en donde estaba un tío que había muerto, y me dijo: "Todavía no", y me llené de

paz, tranquilidad y calma. Enseguida apareció una señora que me llevó a un lugar maravilloso con montañas y me dijo: "Este es tu lugar"; era un sitio hermoso y con mucha luz, pero le dije que no creía que fuera mi lugar.

Seguimos viajando y llegamos a un mar en donde había un pequeño pueblo, y volvió a decirme que ese era mi lugar, pero yo no conocía ese pueblo y le dije que ese tampoco era mi lugar.

Continuamos por otros sitios hermosísimos, llenos de paz y brillo, pero me dijo que no estaba preparada para permanecer en ninguno de ellos; luego me pidió que contara el recuerdo más importante de mi vida. La imagen de mi mamá se formó en mi mente y empecé a caer a una velocidad muy alta. Entré a mi cuerpo, desperté y vi a mi madre sentada junto a mi cama. Ella me saludó, le pregunté el nombre de mi novio, para saber si era real, y rompimos en llanto[59].

Luego de leer detenidamente el testimonio anterior, podemos darnos cuenta de las similitudes que existen entre esta ECM y otras analizadas en este libro, pese a las diferencias culturales de quienes las vivieron. A pesar de que Gülden creció bajo la shahāda —uno de los pilares del islam que condensa gran parte de su doctrina y se sintetiza en la oración "No hay más Dios que Alá, y Mahoma es su profeta"—, la mujer afirma haber entrado en contacto con una especie de guía espiritual con el que viajó por un mundo alternativo, en donde también se encontró con un familiar fallecido que le envió un mensaje de forma telepática.

Los fragmentos del relato anterior podrían encajar fácilmente en cualquiera de los testimonios que hemos repasado en este libro, y las coincidencias que existen entre estas experiencias se vuelven más extrañas aún al analizar los acontecimientos narrados por Caan, un joven musulmán que se enfrentó a lo imposible:

59 Redacción NDERF, "ECM de Gülden".

La tarde del 17 de mayo del 2001, mientras subía una escalera de dos metros, perdí el equilibrio y me resbalé. Di un giro de noventa grados en el aire y me estrellé contra una placa de cemento. Fue un golpe muy fuerte, los huesos de mi cuello se comprimieron y empecé a sentir que me elevaba, el dolor desapareció y todo se volvió hermoso.

Aunque no puedo describir los colores y las formas, hay una serie en el canal Sci-Fi, titulada *Sliders*, en la que los personajes pasan por el interior de un túnel de luz y viajan de un mundo a otro. Los efectos visuales usados para crear ese túnel se parecen mucho a lo que experimenté, salvo que en mi caso el túnel era blanco y negro y parecía viajar a alta velocidad. Tuve la impresión de que todos somos parte de una pintura gigantesca, que Alá nos tiene reservada, pues uno de los primeros versículos del primer capítulo del Corán afirma que Alá es el Señor de todos los mundos.

Durante mi viaje no me sentí solo ni asustado, ni me preocupaba el accidente. Recuerdo observar a ambos lados, de izquierda a derecha, y hacia delante, arriba y abajo. Cuanto más rápido me movía mejor me sentía, nunca pensé que llegaría al final de un viaje, sino que conocería lo que Alá nos tiene preparado.

Afuera decían que mi cuerpo había rebotado contra el suelo, como una pelota de baloncesto. Uno de mis compañeros se me acercó y empezó a reanimarme y comencé a verlo y oírlo. Me molestaba que intentara regresarme, pero al final me recuperé totalmente[60].

La de Caan es una historia que presenta una de las visiones más repetidas en las ECM: el túnel de la muerte, que según el joven musulmán se transforma en un pasillo infinito en donde vuela a alta velocidad; esta experiencia es semejante a lo mencionado por Antonio Navarro Wolff algunas páginas atrás, donde aseguró

60 Redacción NDERF, "ECM de Caan S".

haberse visto entre una oscuridad insondable sobre la que flotaba, como si pudiera elevarse entre océanos de tiempo.

Tal vez la única diferencia entre las narraciones occidentales y la del joven musulmán estaría relacionada con la interpretación de lo que existe al final del túnel, un lugar al que ningún testigo afirma haber llegado y que representa, para él, un encuentro con Alá, que nos lleva a mencionar una de las hermosas suras del Corán: "A quienes hayan creído y hecho el bien, hemos de alojarles en el Jardín, eternamente" (29, 58).

ECM DE PERSONAS NO CREYENTES

Una de las preguntas que surgen cuando nos enfrentamos a las experiencias cercanas a la muerte es qué sucede con las personas no creyentes. Pim van Lommel, un prestigioso cardiólogo holandés, que ha publicado varios libros y artículos, respondió esta pregunta al diario *La Vanguardia* de España en 2012: "Los ateos hablan de 'una energía' y los creyentes, de Dios. Todos se refieren a lo mismo y que en ello se sienten integrados"[61]. Esta energía, informe y abstracta, es similar a la que vio Xue-Mei, una mujer china que en 1995 experimentó una serie de visiones a causa de una enfermedad respiratoria:

> Crecí bajo la influencia de mi padre, que era estricto y autoritario desde mi niñez, por lo que mis creencias siempre estuvieron basadas en la teoría marxista. Fui parte del Partido Comunista en la universidad. Por lo tanto, no tenía ningún apego a ninguna religión o superstición. Sin embargo, me sucedieron cosas increíbles.

61 Amiguet (2012).

Mi enfermedad se incubó durante años, entre las bajas temperaturas que sufre mi región durante el invierno. En 1995, sufrí un ataque de tos que me llevó a ser internada en una clínica, en donde recibí un tratamiento antibiótico intravenoso.

Al poco tiempo, perdí el conocimiento y sentí que me desprendía de mi cuerpo. Flotaba en un universo hecho de partículas que se acumulaban hasta crear miles de representaciones colectivas, que formaban imágenes específicas. Para explicarme mejor, puedo decir que un árbol que está frente a una casa es un árbol, pero para mí era un montón de moléculas con forma de árbol que se renovaban y vibraban por toda la eternidad.

Vi montones de moléculas, fluir y componer al mundo, mientras mi cuerpo físico yacía en la cama conectado a una bolsa de suero. "¿Soy una partícula también?", pregunté. "Sí", me respondió una voz, "el cuerpo humano está construido con innumerables partículas que circulan, metabolizan, intercambian; eres parte de moléculas que están reciclándose entre ellas. Por lo tanto, las partículas se agrupan, se desplazan, se reciclan, fluyen hacia algún lugar y luego se ensamblan con otro físico. Así que este fenómeno continúa recurriendo, no hay vida o muerte. Es infinito y es la esencia del cosmos".

Luego abrí los ojos, me senté y vomité sin parar. Vomité un líquido oscuro y sentí mis órganos vacíos. El doctor se sorprendió: "¿Cómo es que tu pequeño estómago tenía tantas cosas?". Había hecho todos los esfuerzos para salvarme. Cuando le conté lo que había pasado en las últimas cuatro horas, se quedó en silencio y me escuchó antes de que su rostro se pusiera pálido. Pensé que estaba muy aterrado después de escuchar mi experiencia. Se quedó en mi habitación para acompañarme durante toda la noche. No tengo intención de culpar a mi médico en absoluto. Tuve la oportunidad de experimentar una ECM, así que tuve una percepción de la Tierra y del otro reino. Mi miedo a la muerte disminuyó, y mi percepción de la vida y la ética del mundo cambió para siempre.

Esta historia enigmática, repleta de imágenes, luces y diseños geométricos, nos proporciona una versión diferente de las ECM, en la que las deidades y los dioses han sido remplazados por moléculas y átomos; elementos cientificistas extendidos a un más allá que resulta mágico. Las imágenes que vio Xue-Mei parecen emular los libros de física y química, entre las que surgió una extraña voz que la guio y le reveló los secretos de la existencia; una voz común en la mayoría de los relatos, que pocos logran identificar.

El análisis de los testimonios de Gülden, Caan y Xue-Mei nos lleva a concluir que el fenómeno de las ECM parece alimentarse de las creencias y experiencias vitales de los individuos; elementos que podrían ser una expresión de nuestro cerebro, que funciona igual en la mayoría de los seres humanos. Aunque también cabe la posibilidad de que haya algo más, algo a lo que nos enfrentaremos en cualquier momento.

SUEÑOS PREMONITORIOS

Si existe una historia extraña alrededor de la muerte, es sin duda la del escritor francés Catulle Mendès, quien nació el 21 de mayo de 1841 en Burdeos, y fue reconocido durante el siglo XIX por sus novelas, cuentos y poemas.

Sus escritos eran de corte fantástico, protagonizados por monstruos y criaturas mitológicos como sirenas, demonios y hadas, que se fundieron con la realidad en los primeros meses de 1899, cuando Mendès vivió una extraña experiencia que narró a un grupo de amigos y fue reseñada por el investigador Jean Prieur en varias oportunidades.

Según Prieur, Mendès se despertó sobresaltado durante una madrugada fría, luego de haber vivido una pesadilla en la que se había visto sobre el suelo de un túnel oscuro, en el que se encontraba herido y abandonado. Asustado, el escritor intentó pedir auxilio, pero nadie vino a buscarlo. Enseguida se pasó las manos sobre el cuerpo y sintió sus ropas cubiertas de sangre; su respiración se fue aminorando, el mundo se trastocó y escuchó una voz que le decía "Esto es el fin"[62].

Esta historia no habría pasado de ser una anécdota si no hubiera sido por los insólitos sucesos que se desencadenaron diez años más tarde, el 7 de febrero de 1909, cuando un grupo de trabajadores encontraron el cuerpo de Mendès en el túnel del ferrocarril de Saint-Germain-en-Laye, a las afueras de la capital francesa.

La autopsia reveló que había sufrido un fuerte trauma en la parte posterior del cráneo, tenía el brazo partido y uno de los hombros dislocado. Se especuló que pudo haberse desangrado durante horas. La muerte del escritor escandalizó a sus amigos, que hicieron pública su pesadilla, pues la consideraron una anticipación, una revelación onírica en la que fuerzas externas le habrían presentado su propia muerte.

Algunas semanas más tarde, la fiscalía de Versalles recibió un sobre sin marcar con un mensaje anónimo que afirmaba que Mendès había sido asesinado. Aunque nunca se pudo comprobar dicha teoría, algunos consideran que las coincidencias entre la pesadilla y la muerte, narradas por sus compañeros, resultaban sospechosas.

También se barajó la hipótesis de que se había suicidado, pero investigaciones posteriores llegaron a la conclusión de que su muerte habría sido producto de un accidente, pues algunos testigos afirmaron haberlo visto en el interior del tren, por lo que se afirmó que el escritor creyó haber llegado a su destino, abrió la puerta antes de tiempo y se resbaló, golpeándose la cabeza contra el suelo.

Al margen de las condiciones que marcaron su final, el caso de Catulle Mendès nos muestra un ejemplo de anticipación o pre-

62 Callejo (2004, pp. 53-60).

dicción, que se considera una prueba de la existencia del mundo espiritual para gran parte de religiones que creen en elegidos o profetas que tienen la capacidad de vaticinar su propio final.

Algo parecido también les habría ocurrido a otros personajes de la historia, como Abraham Lincoln, de quien se dice sufrió una pesadilla algunos días antes del 14 de abril de 1865, fecha en la que fue asesinado por John Wilkes Booth. Así le relató el sueño a su gabinete:

> En el sueño, desperté por un gemido que venía de algún lugar cercano. Me levanté, y comencé a buscarlo hasta que me di cuenta que venía de la sala este, en donde hombres y mujeres estaban vestidos con fardos funerarios. Había un ataúd sobre un estrado, y soldados en cada extremo. Un capitán estaba de pie cerca, y me dirigí a él: "¿Quién está muerto en la Casa Blanca?". "El Presidente", respondió, "fue asesinado". En el ataúd había un cadáver, pero el rostro estaba oscurecido[63].

Los testimonios expuestos desafían toda lógica y abren todo tipo de posibilidades: ¿se trata de mitos, embustes, coincidencias, o de pruebas de la supervivencia del alma y el espíritu? Al final es usted, querido lector, quien decide en qué creer.

VISIONES AGÓNICAS

Uno de los fenómenos más antiguos registrados son las visiones en el lecho de muerte, que suponen la idea de que los moribundos pueden observar el más allá durante sus últimos momentos en la Tierra.

63 Lamon (1994, pp. 113-116).

Son una serie de manifestaciones que han ido desapareciendo con la llegada de las técnicas modernas de medicina paliativa, pues en la actualidad muchas personas fallecen en estado de coma, sedadas o en unidades de cuidados intensivos. Contrario a esto, los enfermos del pasado agonizaban en sus casas, acompañados de seres queridos con quienes charlaban y compartían su experiencia, como narra Norbert Elias en su libro *La soledad de los moribundos*.

Durante aquellos trances, era común que los desahuciados manifestaran ver espíritus de personas fallecidas o visiones del cielo y criaturas celestiales. Espectros que, para algunos espiritistas del siglo XIX, eran la prueba de la inmortalidad del ser humano.

William Barrett fue uno de estos espiritistas, y a comienzos del siglo XX publicó un libro titulado *Visiones en el momento de la muerte*, que recoge una gran cantidad de testimonios de mujeres, niños y ancianos que manifestaron ver luces o figuras durante su agonía.

Sin embargo, las personas que se han dedicado a estudiar estas manifestaciones las consideran alucinaciones y delirios. Uno de estos investigadores es el doctor Alejandro Parra, de la Universidad de Santander, quien realizó una serie de entrevistas a enfermeras que aseguran haber tenido sensaciones "paranormales" mientras atendían o estaban cerca de moribundos. En el estudio de Parra se registraron:

> Visiones del lecho de muerte y otros fenómenos anómalos, a veces relatadas por los pacientes y otras veces por enfermeras en el entorno hospitalario. Por ejemplo, hay visiones de la aparición de parientes ya fallecidos que vienen a ayudar a los pacientes terminales, que proporciona consuelo. A ellos mismos y a sus familiares. Otros describen ver luces asociadas a sentimientos de amor y compasión y amor, cambios en la temperatura ambiente, relojes que se detienen en la casa en sincronía con la muerte de un pariente hospitaliza-

do, relatos de nubes, vapores, y formas alrededor del cuerpo del paciente terminal, aves, moscas o animales que aparecen y luego desaparecen[64].

En la investigación de Parra participaron trescientas cuarenta y cuatro enfermeras de treinta y seis hospitales y centros de salud de Buenos Aires (Argentina), y el 12-28% de las encuestadas afirmó haber vivido al menos una experiencia anómala en hospitales, siendo las más comunes las relacionadas con la vida después de la muerte, como presencias, apariciones, voces, diálogos, llantos y quejidos.

El investigador concluye que estas manifestaciones podrían ser originadas por factores ligados a la personalidad y el nivel de estrés al que se encuentra sometido el personal médico; situaciones que, sumadas a la patología de algunos pacientes, pueden llegar a crear leyendas "paranormales" en los hospitales.

Estos fenómenos también hacen parte de la historia de nuestro país; tal es el caso del general Rafael Uribe Uribe, que fue atacado por dos hombres cerca del Congreso de Colombia, el 15 de octubre de 1914, quienes lo golpearon con dos hachuelas hasta fracturarle el cráneo.

Un grupo de ciudadanos, alarmado, recogió su cuerpo, lo llevó hasta su casa y lo depositó sobre su cama. Al poco rato llegaron los médicos José Tomás Henao y Luis Zea Uribe, quienes lo encontraron anémico, hinchado y deforme; le aplicaron una gran cantidad de tratamientos para salvarle la vida, y anotaron minuciosamente los remedios y procedimientos que le practicaron.

Zea publicó ese mismo año un artículo titulado "Los últimos momentos del general Uribe Uribe", por el que sabemos que le in-

64 Parra (2017, pp. 1745).

yectaron suero isotónico, cafeína, estricnina, pituitrina y agua con brandy, y que el general empezó a delirar, según registró el médico:

> Estaba poco tranquilo; se agitaba de cuando en cuando para llevarse la mano a la cabeza, se quejaba ruidosamente con la sílaba "¡uh... uuuh!" ... y hablaba: "Informes del Estado Mayor...", "Por el orden de los acontecimientos... se deduce... seguido...", "Yo creo, señor Presidente...", etc. (...) Cerca de las dos de la mañana, y cuando aquella situación de angustia inenarrable parecía sostenerse todavía, se agitó un instante y gritó tan recio que pudieron oír desde apartadas alcobas: "¡Lo último! ¡Lo último!... ¡Lo último!". Sobrevino una regurgitación y luego un estertor traqueal; poco después expiró[65].

Las palabras "¡Lo último! ¡Lo último!... ¡Lo último!" podrían indicar una epifanía, una revelación, o simplemente una coincidencia o alucinación producto de la gravedad de sus heridas. Sin duda alguna, es uno de los misterios más interesantes de la historia de Colombia.

De igual forma, los últimos minutos de vida de Steve Jobs, uno de los empresarios informáticos más importantes de todos los tiempos, también estuvieron rodeados por un gran misterio.

Jobs fue diagnosticado de cáncer en el páncreas en el 2004, enfermedad que acabó con su vida en el 2011. Pocos meses después de su fallecimiento, Mona Simpson, su hermana biológica, escribió un revelador artículo en *The New York Times,* en el que contó los últimos momentos del empresario, que estuvieron llenos de epifanías.

Según su escrito, Simpson entró a la habitación de Jobs, a quien encontró pálido, delgado y débil: "Vocalizó varios mono-

65 Zea (1914).

sílabos repetidos", miró hacia arriba y repitió maravillado: "OH WOW. OH WOW. OH WOW".

Mucho se especuló sobre el significado de estas palabras: ¿qué estaba viendo Jobs? ¿Era una alucinación provocada por los sedantes y los analgésicos? ¿Algo que nunca podremos comprender? Parece que el enigma de las visiones de los moribundos sigue vigente durante el siglo XXI, a pesar de la tecnología que nos rodea.

***

Al final de este camino, luego de conocer lo vivido por políticos, artistas, musulmanes, ateos, recicladores, investigadores y médicos, solo me queda confiar en sus palabras; en lo que cuentan y narran, en los lugares a donde fueron, las voces, los túneles oscuros en donde la luz se extiende como un sol blanco y puro, las figuras que levitan. Creo en todas estas imágenes, aunque no sé de dónde vienen y tampoco por qué existen; tal vez sean los destellos agónicos de millones de neuronas, la desconexión de las pupilas o el colapso de nuestros nervios: no lo sé, solo puedo decir que respeto todos los testimonios que aparecen en este libro, y, a ti, querido lector, solo te digo ¡gracias!

BIBLIOGRAFÍA

Artículos

Amiguet, Lluís, "Cuando mueres sólo cambias de conciencia", *La Vanguardia*, 5 de junio de 2012. Disponible en: https://www.lavanguardia.com/lacontra/20120605/54303448302/pim-van-lommel.html

Parra, Alejandro, "Factores de personalidad, perceptuales y cognitivas asociadas con las experiencias anómalo/paranormales en personal de enfermería", *Revista Cuidarte*, vol. 8, n.° 3, 2017, pp. 1733-1748.

Simpson, Mona, "A Sister's Eulogy for Steve Jobs", *The New York Times*, 30 de octubre de 2011. Disponible en: https://www.nytimes.com/2011/10/30/opinion/mona-simpsons-eulogy-for-steve-jobs.html?pagewanted=all

Zea Uribe, Luis, "Los últimos momentos del general Uribe Uribe", *El liberal ilustrado*, tomo III, n.° 1, 1914. Disponible en: https://www.banrepcultural.org/biblioteca-virtual/credencial-historia/numero-179/los-ultimos-momentos-de-uribe-uribe

Libros

Barrett, William, *Visiones en el momento de la muerte*, Madrid: Alcántara Ediciones, 1999.

Callejo Cabo, Jesús, *Secretos y misterios en la historia de la literatura*, Madrid: Ediciones Corona Borealis, 2004.

Sagrado Corán, versión castellana de Julio Cortés, San Salvador: Biblioteca Islámica "Fátimah Az-Zahra", 2005.

Elias, Norbert, *La soledad de los moribundos*, México: Fondo de Cultura Económica, 2009.

Gaona, José Miguel, *Al otro lado del túnel*, Madrid: La Esfera de los Libros, 2014.

Lamon, Ward Hill, *Recollections of Abraham Lincoln, 1847-1865*. Editado por Dorothy Lamon Teillard, Lincoln-Londres: University of Nebraska Press, 1994, pp. 113-116. Disponible en: https://books.google.com.co/books?id=yJ7Sh3ICQz0C&printsec=frontcover&dq=Recollections+of+Abraham+Lincoln,+1847-1865,+by+Ward+Hill+Lamon,&hl=en&sa=X&ved=2ahUKEwic4bvQi-vvrAhUCmlkKHdGCB3sQ6AEwAHoECAMQAg#v=onepage&q=Recollections%20of%20Abraham%20Lincoln%2C%201847-1865%2C%20by%20Ward%20Hill%20Lamon%2C&f=false

Testimonios

Nota importante: los tres testimonios de ECM que hacen parte de este capítulo fueron extraídos y adaptados de la página de internet de la Fundación para la Investigación de las ECM, NDERF por su sigla en inglés. Cabe anotar que los cambios que se hicieron tuvieron la intención de facilitar la lectura de los textos sin alterar su esencia. A continuación se trascriben los enlaces de referencia:

Redacción NDERF, "ECM de Caan S", *Near-Death Experience Research Foundation*, consultado el 19 de septiembre de 2020. Disponible en: https://www.nderf.org/Spanish/caan_s_ecm.htm

Redacción NDERF, "ECM de Gülden", *Near-Death Experience Research Foundation*, consultado el 19 de septiembre de 2020. Disponible en: https://www.nderf.org/Spanish/gulden_ecm.htm

Redacción NDERF, "Xue-Mei C ECM", *Near-Death Experience Research Foundation*, consultado el 19 de septiembre de 2020. Disponible en: https://www.nderf.org/Spanish/xue_mei_c_ecm.htm

EPÍLOGO

Tal parece que hemos llegado al final, y no podía dejar este libro sin cumplir la promesa que hice en las primeras páginas de darte a conocer los secretos de cada uno de los capítulos.

El primer capítulo está dedicado a las apariciones de fallecidos, un fenómeno milenario que estudia J. J. Benítez en sus textos y que me recuerda las leyendas de los campos de América Latina, en donde los espantos y las criaturas de la noche se deslizan entre morichales y sombras.

El segundo capítulo se enfoca en una de las creencias más importantes de la humanidad: la resurrección, la idea de que los muertos pueden retornar en carne y hueso, una pieza fundamental del cristianismo. Este tema contrasta con el capítulo tercero, en donde se analizan las visiones de familiares muertos; visiones que se mezclan con la realidad en el cuarto capítulo, en donde están la niña de la carta y otros espectros que aparecen entre los caminos de todo el mundo.

Un capítulo realmente difícil de escribir fue el quinto, el de Antonio Navarro Wolff, pues yo sabía que el túnel de la muerte es bastante conocido, por lo que debía explicarlo con más detalle; esto me costó mucha más dedicación y tiempo.

El capítulo seis se me vino a la cabeza luego de leer varios de los artículos de la antropóloga Mado Martínez, quien recorrió el mundo en búsqueda de una prueba de la vida después de la muerte, así que le escribí y logramos ensamblar algo distinto.

El capítulo siete habla de voces que surgen en medio de las ECM, sollozos que transformaron la vida de Juan Manuel Correal, cuyo testimonio emotivo me hizo estremecer el corazón mientras transcribía sus palabras. Algo similar me ocurrió con Fabiola Posada, cuya voz me alegraba durante las madrugadas en las que investigaba los testimonios de personas que aseguraban haber estado en el infierno o haberse encontrado con ángeles o seres de luz, que son el tema principal del capítulo ocho.

En el capítulo nueve, que seguro acabas de leer, traté de dar respuesta a las principales preguntas que surgen sobre estos temas, como ¿qué ven los ateos?, ¿qué ven los moribundos?, ¿pueden las personas predecir su propia muerte?, ¿cómo es una ECM, para personas de otras religiones? Traté de examinar estos interrogantes mediante breves ejemplos.

Antes de terminar, debo decir que para llegar a este punto pasé mucho tiempo sentado frente a la fría pantalla de un computador; muchas madrugadas en las que YouTube se obstinó en reproducir canciones de Pimpinela en contra de mi voluntad, las cuales terminé queriendo, por lo que también dedico este libro a Lucía Galán y Joaquín Galán, vocalistas del grupo musical, y su éxito *Dímelo delante de ella*.

También debo agradecer a Natalia Jerez Q., mi estimada editora, quien logró eliminar dos o tres párrafos que hubieran podido desatar líos apocalípticos; a la hija ilustre de La Tebaida (Quindío), Yohana Arenas, quien me ayudó a concretar algunas de las entrevistas, como también lo hizo Camilo Caballero, productor de Redmas Televisión; al equipo de Penguin Random House: a

Patricia Martínez, jefe de Arte, quien diseñó nuestra hermosa cubierta y las páginas interiores del libro; a la diagramadora Nohora Betancourt y al corrector Guillermo Díez, a quien espero no haber hecho sufrir mucho.

A mi madre, Dora Alba Niño, quien me ayudó a precisar muchos de los episodios de mi vida que aparecen retratados en las introducciones de los capítulos, como la bomba del DAS, el hostigamiento guerrillero en Norte de Santander y el susto que se pegó mi tío Alfonso Niño durante la época de Pablo Escobar.

También debo agradecer a Tania Velázquez por su paciencia al leer las innumerables versiones de algunos párrafos que revisaba a cualquier hora, durante los largos días del confinamiento del COVID- 19.

Solo me queda decir que todo final siempre es un comienzo, que la vida dura poco y debemos rodear de amor, mucho amor, a las personas que queremos; abrazarlas y expresarles nuestros sentimientos, pues no sabemos si seguiremos vivos después de la muerte. Solo espero que, dentro de ochocientos años, me busques en donde estemos y charlemos un rato sobre tus opiniones al respecto.

«Para viajar lejos no hay mejor nave que un libro».

EMILY DICKINSON

Gracias por tu lectura de este libro.

En **penguinlibros.club** encontrarás las mejores recomendaciones de lectura.

Únete a nuestra comunidad y viaja con nosotros.

penguinlibros.club